30秒看世界

30秒认识科学

[英] 迈克·戈德史密斯 著
[英] 梅尔文·埃文斯 绘
宋阳 译

中信出版集团 | 北京

图书在版编目（CIP）数据

30 秒认识科学 /（英）迈克·戈德史密斯著；宋阳
译. -- 北京：中信出版社，2019.7
（30 秒看世界）
书名原文：Science in 30 Seconds
ISBN 978-7-5217-0732-8

I. ① 3… II. ①迈… ②宋… III. ①科学知识－少儿
读物 IV. ① Z228.1

中国版本图书馆 CIP 数据核字（2019）第 116903 号

30秒认识科学

著　　者：［英］迈克·戈德史密斯
译　　者：宋阳
出版发行：中信出版集团股份有限公司
（北京市朝阳区惠新东街甲 4 号富盛大厦 2 座　邮编　100029）
承 印 者：北京利丰雅高长城印刷有限公司

开　　本：787mm × 1092mm 1/16　　印　　张：5　　字　　数：60 千字
版　　次：2019 年 7 月第 1 版　　印　　次：2019 年 7 月第 1 次印刷
京权图字：01－2018－7505　　广告经营许可证：京朝工商广字第 8087 号
审 图 号：GS（2018）5921 号
书　　号：ISBN 978－7－5217－0732－8
定　　价：460.00 元（全 20 册）

图书策划：见识城邦
策划编辑：肖雪　程时音　　责任编辑：卢建勇　曲沛然　于贺
营销编辑：杨璞　　装帧设计：象上设计
责任印制：刘新蓉

30秒认识科学

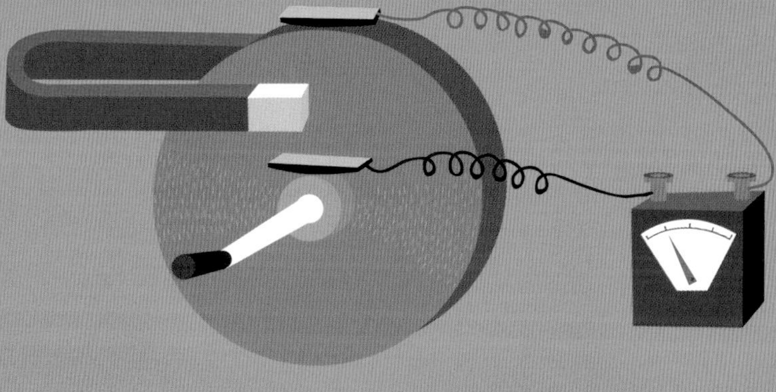

目录

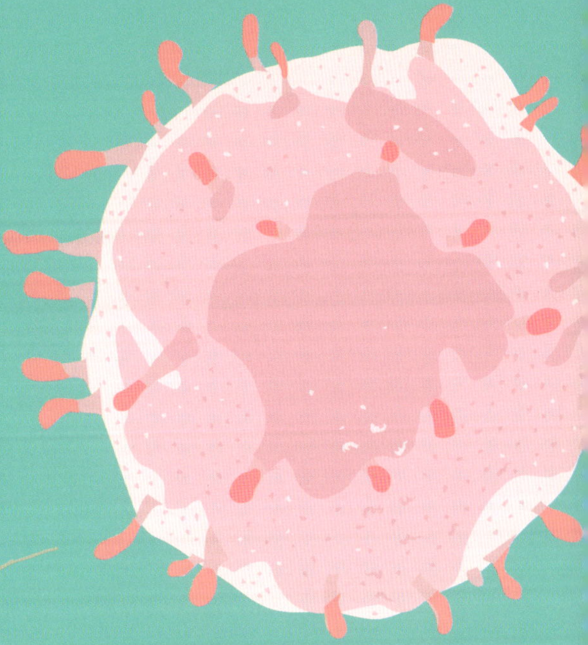

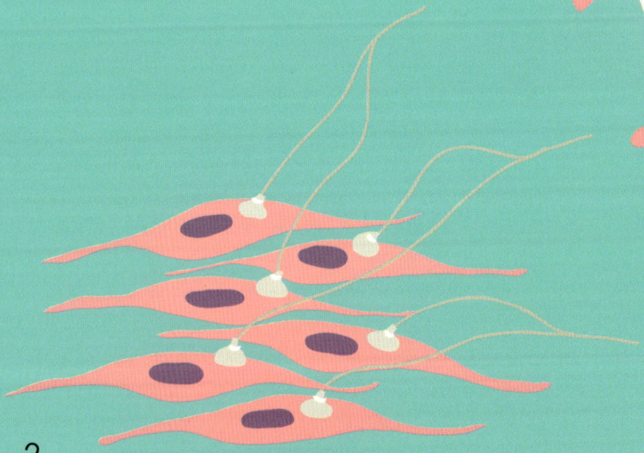

序

60秒介绍

今天，科学统治着世界。我们穿的衣服、吃的食物、住的房子和看的电视节目都依赖于科学知识。科学还让我们能够保持健康，而且幸亏有了科学，我们才得以深入地了解宇宙。

然而起初，事情并不是这样的。用勉强算得上科学的方法进行思考，这不过是最近3 000来年的事儿。

人类历史上第一批进行科学思考的人是古希腊人，他们努力想弄清楚宇宙是怎样运行的。他们的大多数想法后来被证明是错误的，一部分原因在于他们不清楚应该怎样搞科学。他们善于解释万事万物——从天气到群星，从声音到火山，但他们不明白的是，好想法只是好科学的起点，细致的实验和计算也同样重要。

直到16世纪，人们才开始接受一种更现代的科学方法，于是从那以后，科学飞速发

展。到了19世纪，科学发展变得更加迅猛，因为人们意识到，人类凭借科学不仅能解释世界是怎样运行的，还能制造机器和新材料，这意味着曾令数百万人丧生的疾病有了被治愈的可能。

随着科学变得越来越有用，各国政府也更加重视科学。在20世纪，大量的资金花在了科学项目上，人类因此取得了更伟大的科学突破。

从古至今，聪明绝顶的想法一直都是推动科学前进的动力。本书将介绍人类历史上最重要的30个科学大发现，其中每个主题都有一页内文能让你快速掌握主要事实。如果你的时间有限，你可以只看“3秒钟总结”。最后，别忘了通过“3分钟任务”亲自验证。

古希腊人

第一批科学思想家生活在2 000多年前的古希腊。与历史上的大多数人类社会不同，古希腊人对世界的思考不受宗教信仰的束缚，因此他们可以自由地形成和发展自己的想法。大约在公元前600年，古希腊思想家提出了定义科学的基本原则。

逻辑

30秒大揭秘

“科学”是解释宇宙的一种方法以及用这种方法获得的知识。古希腊人是科学方法的提出者，其中最重要的思想家是生活在大约2 300年前的亚里士多德。

不过他的发现几乎全都是错的！例如他认为，太阳绕着地球转，石头下落是因为它们在寻找自己的自然位置，女人的牙齿比男人少。

尽管如此，我们如今仍然铭记亚里士多德，因为他在研究事物时采用了科学的方法。在他所处的时代，大多数人都认为，天下雨、人生病等所有事情都是神灵的安排，压根儿没什么好解释的。但是，亚里士多德和其他一些古希腊人认为，我们能够对世界做出符合逻辑的解释。

逻辑一直是科学的指导原则。多亏有了科学和科学家，我们才对宇宙有了这么多的了解，才学会了怎样治疗疾病和制造精妙绝伦的机器。

亚里士多德
（Aristotle）

小知识

现代科学的主要领域

物理学 研究物质和能量以及它们运动和变化的方式。运动和变化是由能量引起的，而能量有很多形式，比如热、光和电。

化学 研究不同物质相互作用并合成新物质的方式。

生物学 研究生物。

天文学 研究地外天体。

3秒钟总结

科学就是逻辑思考。

举例说明亚里士多德的逻辑方法

用数学解释世界

30秒大揭秘

如今，每门科学都涉及数学，但以前并不是这样。第一个用数学解释世界的科学家是毕达哥拉斯，他生活的年代比亚里士多德早200年。

毕达哥拉斯发现了同时弹奏乐器上的两根弦会发出和谐动听的声音的原因。他用较短弦的长度除以较长弦的长度，然后发现，如果结果是简分数（比如1/2或1/4），那么同时弹奏这两根弦的声音就是和谐的。这背后的科学原因是：如果不同声波的波长互相匹配，那么这些声波会形成一个纯律。

这个发现令毕达哥拉斯欲罢不能，他下决心用数字和数学来解释整个宇宙。

他是对的。今天，科学家们用这种数学方法研究各种各样的波，包括声波、光波和地震波。他们用数字和数学取得了惊人的发现。

毕达哥拉斯
（Pythagoras）

3秒钟总结

数学对科学至关重要。

计算音速[1]

你需要：两个锅盖、卷尺、秒表、一个朋友

请你的朋友站在一个开阔的地方，然后你用大约1米长的步幅往远处走，边走边数步数。现在，请你拿着两个锅盖对撞一下。你的朋友应该在看到你撞锅盖的时候启动秒表，在听到撞击声时停止计时。速度等于距离除以时间，所以用你所走的距离（米）除以计时结果（秒），就得出音速了。请上网检查你的答案对还是不对！

1 音速，即声速。（本书所有脚注均为译者注）

毕达哥拉斯用数学解释为什么形成纯律的声波听起来很和谐

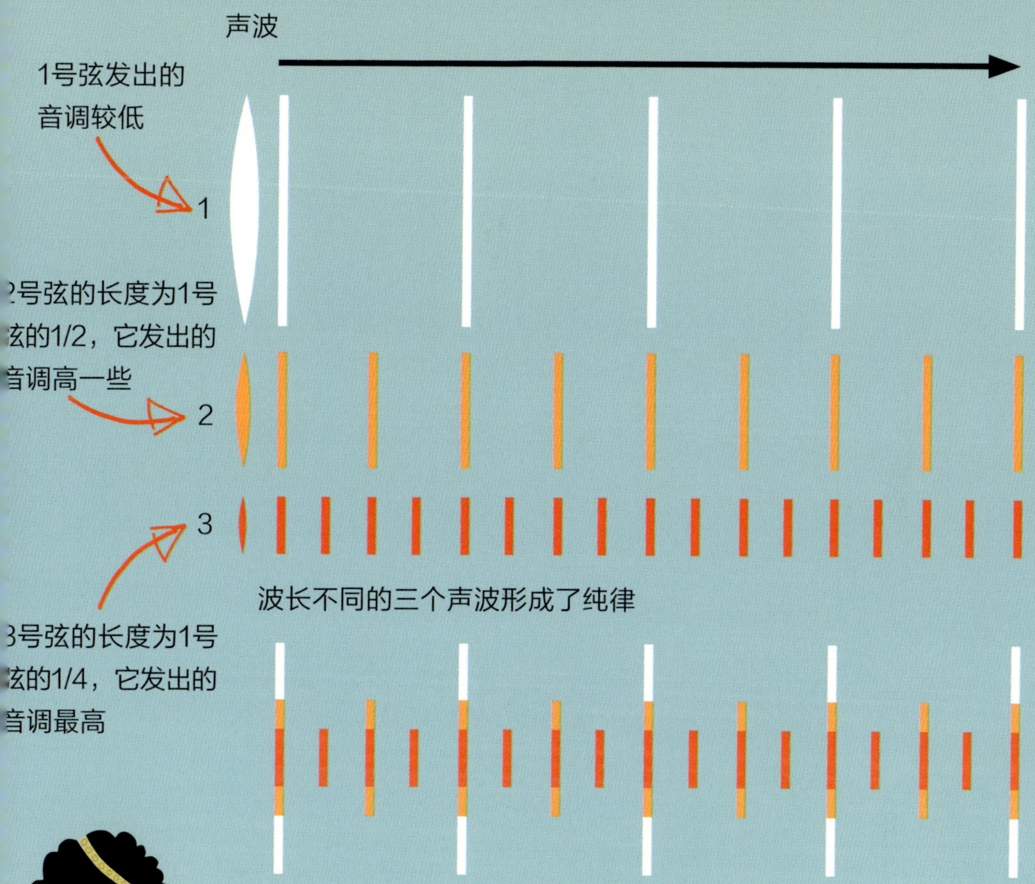

波长不同的三个声波形成了纯律

……所以同时弹奏会发出和谐的声音

元素

30秒大揭秘

谈到科学，这里有一个重要的观点：我们周围的所有东西，从糖块到星星，从海水到香肠，都由数量很少的基本单位组成。我们把这些基本单位称为“元素”。这个想法始于古希腊人，尤其是生活在大约2 500年前的恩培多克勒。

恩培多克勒认为，世界上只有土、气、火、水这4种元素，它们各有自己的特性和自然位置。例如，水又冷又湿，它的自然位置是地的上面、气的下面；火又热又干，它的位置是气的上面，所以火焰总是向上燃烧。

今天，我们知道世界上有100多种元素，但里面根本没有恩培多克勒提出的那4种！例如，水其实是由氢和氧两种元素构成的。直到1939年，人们才最终发现了所有的天然元素。

恩培多克勒
（Empedocles）

3分钟任务

把元素结合起来

铁是地球上最常见的元素，许多金属物体都含铁。铁可以与空气中的氧气发生反应，形成铁锈，也就是氧化铁。下面是让金属生锈的方法：

你需要：洗碗布、柠檬汁、盐、小的金属物体

1. 把几块洗碗布放在一个旧托盘上。
2. 在上面放几样没用的金属物体，比如钉子、曲别针和指甲锉。
3. 把几勺柠檬汁和盐混合起来，然后洒到金属物体上。
4. 过几天，这些金属物体就会生锈。

3秒钟总结

物质由元素构成。

恩培多克勒认为世界上只有4种元素（今天我们知道世界上其实有100多种元素）

恩培多克勒提出的4种元素是土、气、火和水

今天我们知道空气含有多种元素和二氧化碳等几种气体

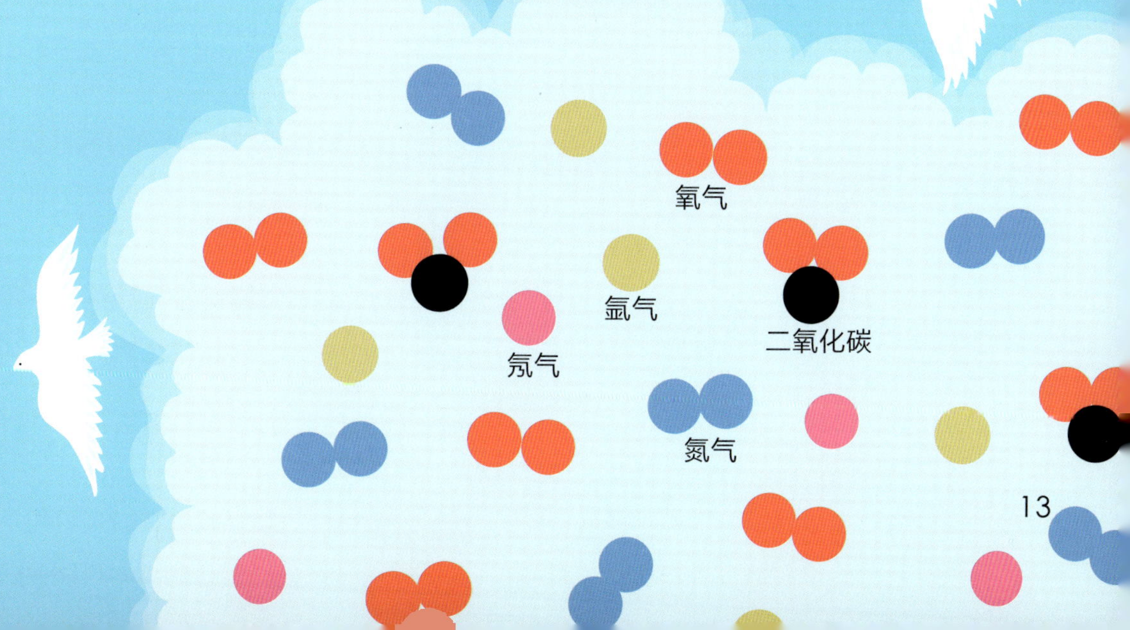

太阳系

30秒大揭秘

几千年前，人们普遍认为太阳绕着地球旋转，早晨从东边升起，穿过天空，晚上从西边落下。

后来，人们注意到有些“星星”一年到头在天上晃悠，于是就以为它们也必定绕着地球旋转，还把它们称为“行星”。

大约在公元前270年，古希腊人阿里斯塔克测量了太阳的大小。虽然他量错了，但他证明了太阳比地球大得多。很可能正是因为这个认识，他有了一个新的想法：小小的地球绕着大大的太阳转。

这以后的大约1 800年里，几乎没有人认可阿里斯塔克的想法。再后来，天文学家哥白尼、开普勒和伽利略证明了阿里斯塔克是正确的。太阳是一颗恒星，地球是一颗行星，太阳系所有行星都绕着太阳运动。

阿里斯塔克
（Aristarchus）

3分钟任务

画一个椭圆形

你需要：软木板、两个图钉、一大张纸、20厘米长的细绳、铅笔

1. 把纸放在软木板上。
2. 在居中的位置按两个图钉，中间隔5厘米。
3. 把细绳的两端系在一起，然后把绳子套在两个图钉上，再用铅笔轻轻地把绳子拉成一个三角形。
4. 在三角形始终拉紧的状态下，用铅笔绕着图钉画圈，一个椭圆形就画成了。

3秒钟总结

太阳系所有行星都沿着椭圆形的轨道绕太阳运行。

人们过去认为太阳、恒星、行星、月球都绕着地球转动

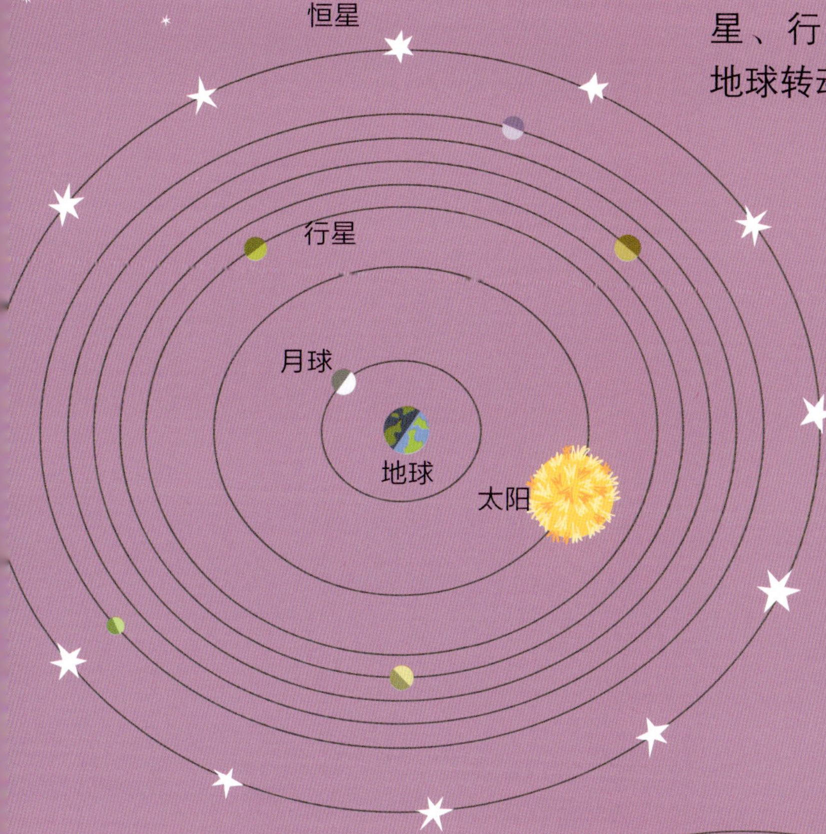

后来我们知道“地心说”是错误的

现在我们知道太阳系所有行星都绕着太阳转动（即“日心说”）

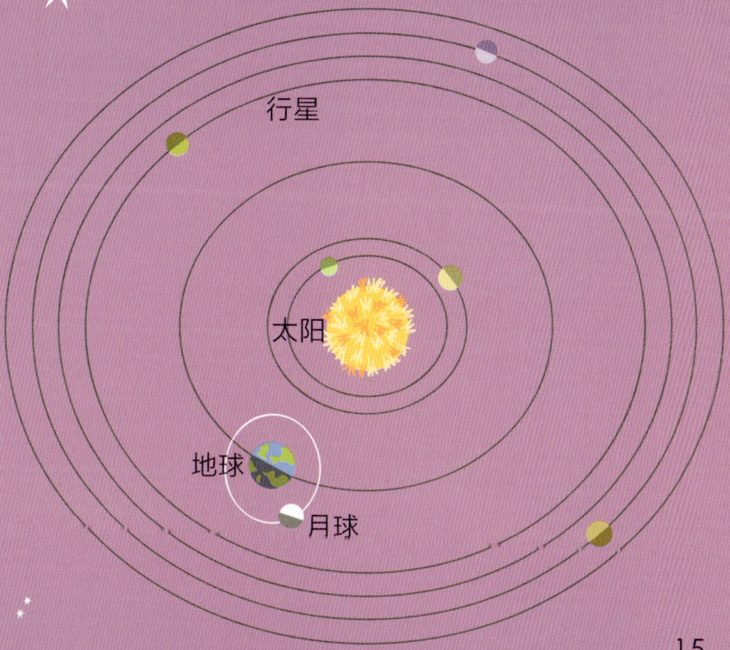

科学革命

公元前5世纪，古希腊文明逐渐衰落，整个欧洲的科学发展也基本停滞。阿拉伯世界的科学家继承和发展了古希腊人的科学想法。到了12世纪，用希腊语和阿拉伯语写成的科学著作被带到欧洲，欧洲人重新燃起了对科学的兴趣。

磁和电

30秒大揭秘

早在数千年前，人们就注意到，有几种罕见的石头会吸引（拉动）其他物体，而有的材料（比如琥珀）受到摩擦时会吸引羽毛之类的轻小物体。这两种现象产生的原因都是磁和电。

磁体的用处很大。如果让一个磁体自由转动，它最终总会有一端指向北方，而另一端指向南方。我们把这种磁体称为“指南针”。在1600年左右，威廉·吉尔伯特证明了指南针确实管用，因为地球本身就是一个巨大的磁铁。

吉尔伯特还做过电学实验。又过了几个世纪，科学家学会了如何生成并控制磁和电。我们今天使用的所有工具基本上都得靠磁和电。例如，洗衣机里面的电动机就是利用磁和电让滚筒转起来的。

威廉·吉尔伯特
（William Gilbert）

小知识

电的作用

如果拿气球蹭一蹭你的套头衫，然后把气球往墙上贴，那它就会贴在墙上，还会吸引纸屑。这是为什么呢？摩擦会使被称为“电子”的微小粒子聚集在气球上，这相当于给气球“充”了“负”静电，所以当气球靠近其他物体时，气球上的电子会把物体中的电子推开，在物体表面留下一个带“正”电的区域。由于正电和负电互相吸引，所以气球和物体就被拉到了一起。

3秒钟总结

电和磁使机器运转。

磁性指南针的指针与地球这块大磁铁的磁极一致

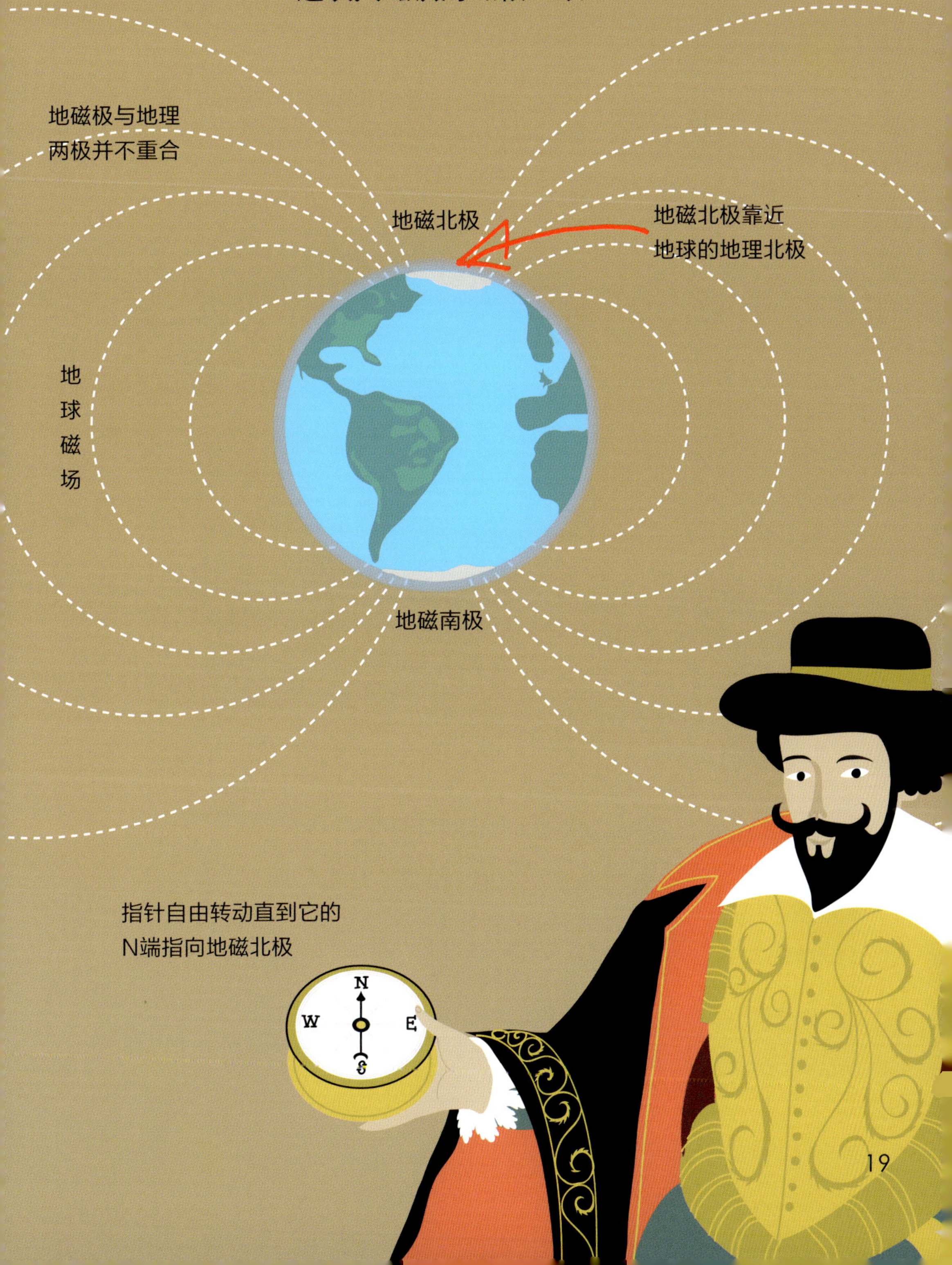

运动

30秒大揭秘

几个世纪前，科学家对物体的运动十分着迷。

很明显，想让一个物体持续运动，你需要不断地推它或拉它。例如，马车要往前走就得有马拉着，独轮车要往前走你就得推它。问题是，一支飞过半空的箭又是被什么东西推着呢？又是什么东西不停地把钟摆从一边推到另一边呢？

伽利略意识到，看似明显的认识其实是错误的。对于一个运动物体，如果没有其他东西使它减速，它并不需要通过被推或被拉来保持运动。马车之所以需要马拉，是为了克服地面摩擦力和空气阻力，太空中没有摩擦力，也没有空气阻力。假设在太空中有一辆正在运动的、没有马拉着的马车，那么这辆马车会一直运动下去，就像月球绕着地球不停转动。

伽利略还研究了钟摆的运动。他发现钟摆来回摆动所用的时间取决于摆臂的长度，这就是“钟摆原理”。这个原理让人们学会利用钟摆来准确计时。

伽利略
（Galileo）

3秒钟总结

只有受到外力时，物体才会改变运动状态。

3分钟任务

钟摆原理

你需要：大号金属螺母、至少50厘米长的塑料绳、一个成人助手

把螺母系在塑料绳上，握住离螺母大概40厘米的地方，然后开始摆动。保持握绳子的手不动，请成人助手抓着绳子的另一端把绳子向上拉。随着摆臂越来越短，螺母会摆动得越来越快。用重量不同的物体和不同的初始角度反复进行这项实验，看看结果会怎样。

运动的物体只有在受到使其减速的力时，才需要被推或拉来保持运动

没有持续的拉力或者推力，马车就会停下

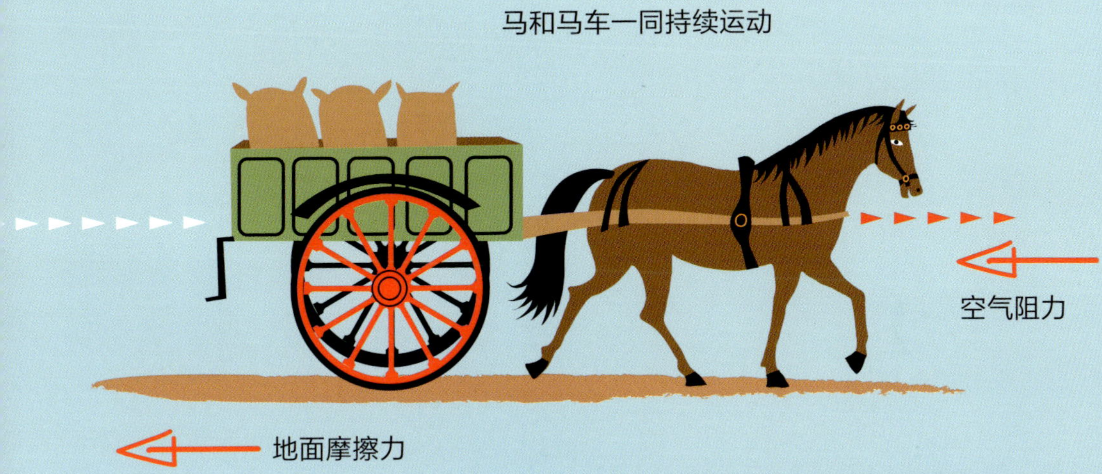

没有地面摩擦力和空气阻力，马车不需要被推或拉也会持续运动下去

细胞

30秒大揭秘

所有生物都由被称为“细胞”的微小单元构成，这是生物学最重要的定律之一。最简单的生物只有一个细胞。即使像我们这样的复杂动物，身体中不同细胞的某些行为方式也像是独立的生物一样。大多数细胞都有一个控制整个细胞的中心核，即“细胞核”。细胞核吸入营养物质，排出废物。

人体由许多不同类型的细胞构成，每种细胞都有自己的工作。肌细胞可以收缩，让我们能够移动。骨细胞坚硬有力，支撑着我们的身体。白细胞能够自行移动，摧毁入侵人体的敌对细胞。

细胞很小，所以直到显微镜发明以后，人们才发现细胞。第一个看到细胞的人是罗伯特·胡克。那是在1665年，他看到了软木塞里的死细胞。他把它们称为“细胞”，因为它们的形状让他想起了修道士住的小房间[1]。

罗伯特·胡克
（Robert Hooke）

3秒钟总结

所有生物都是由细胞构成的。

3分钟任务

观察正在工作的细胞

你需要：两个玻璃杯、盐、1根胡萝卜、热水

1. 往两个玻璃杯里各倒半杯热水，在1号玻璃杯中放几勺盐，搅匀。

2. 把胡萝卜切成两截，每个玻璃杯里放一截，注意切口朝下，然后搁一晚上。

3. 胡萝卜细胞会“尝试”平衡细胞内外水的盐度。在2号玻璃杯（没放盐）中，水会进入胡萝卜细胞，细胞内的水盐度会降低，胡萝卜会肿胀起来。在1号玻璃杯（放盐）中，胡萝卜细胞的水分会流出去，从而使细胞缩水，胡萝卜也会变小变皱。

---

1 “修道士住的小房间”与“细胞”的英语都是cell。

人体由各种各样的细胞构成

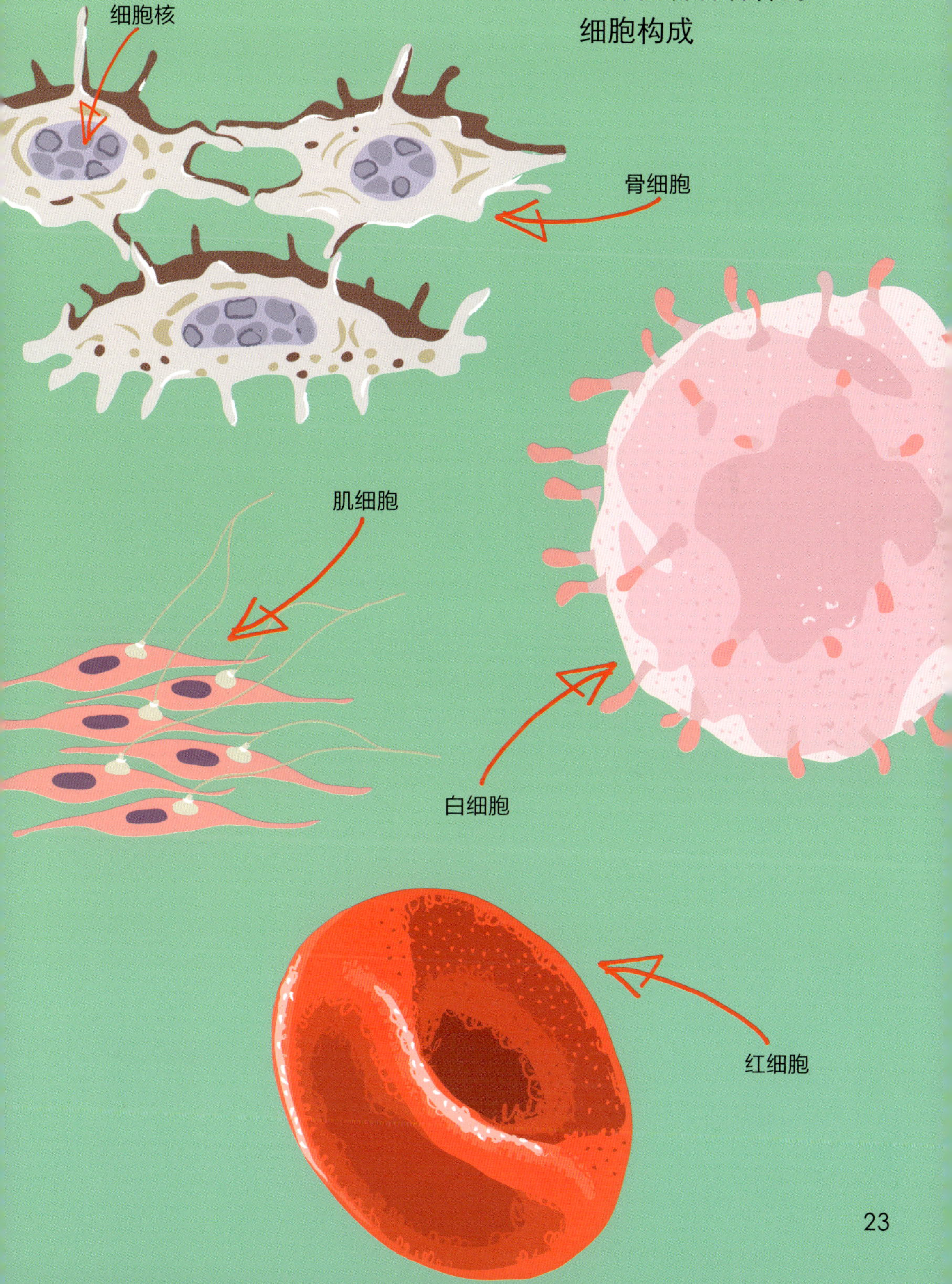

万有引力

30秒大揭秘

古希腊人确信，地球和宇宙的其余部分由不同的东西组成，遵循着不同的规律。在16世纪，伽利略等科学家对这种观点进行了质疑，由此出现了“同样的规律适用于整个宇宙”的说法。

艾萨克·牛顿认为，苹果掉到地上，月球靠近地球，其实道理都是一样的，那就是万有引力[1]定律。万有引力使空间中的物体相互吸引，同样是万有引力把地球上的物体拉向地球的中心，所以被扔出去的物体会落到地上。

牛顿把这个发现用数学表达出来，并用它来预测月球、彗星和行星的运动。今天，我们仍然用它来引导航天器穿越太阳系，甚至到更远的地方去。

艾萨克·牛顿
（Isaac Newton）

3秒钟总结

万有引力是一种将物体拉向彼此的力。

3分钟任务

找到你的重心

牛顿发现，万有引力好像把一个物体的所有质量都聚集在它的“重心”上，物体的质量在这个点的周围均匀地分布。对于地球这样的球状天体，中心就是它的核心。人体的重心在哪里取决于四肢的位置。你可以用下面的方法找到自己的重心：

请靠墙站，脚跟要与墙接触，然后在正前方30厘米左右的位置扔一枚硬币。在双脚不动、膝盖不弯的情况下，你能把硬币捡起来吗？不能吧！因为要想够到硬币，你的重心得逐渐远离墙壁，直到它不再处于你双脚的上方。这时，在没有东西支撑的情况下，你的重心就会下降，而你也会跟着摔倒。

1 即重力。

图中所有物体的位置都由万有引力决定（鱼和冰激凌掉向地面）

光

30秒大揭秘

科学家艾萨克·牛顿认为，光必定是由极其微小、无法被独立观测到的粒子组成的。在当时的科学界，牛顿的地位十分显赫，很多科学家认为他对所有事情的看法都是正确的，所以牛顿对光的看法得到了广泛的认同。

但并不是所有人都认同。在荷兰科学家克里斯蒂安·惠更斯看来，光更有可能以波的形式传播。他用这个大胆的想法对光的许多性质做出了解释。

在19世纪初，大多数人认可惠更斯的想法。如果光是由波组成的，那许多事情会更容易解释，包括牛顿本人发现的“白光由不同色光构成”这一现象。他们认为，所谓各种颜色只是波长不同的光而已。

现在我们知道，光比牛顿和惠更斯所想的要复杂得多，它的行为时而像波，时而像粒子。科学家现在弄明白了，原来光是由光子组成的，而光子既不是波也不是粒子。

克里斯蒂安·惠更斯
（Christiaan Huygens）

3秒钟总结

白光是不同色光的混合。所有的光都沿直线传播。

3分钟任务

看见光谱

你只需要一个阳光明媚的日子和一张光盘。请把光盘正面朝下放在阳光能照到的地方（比如窗台），然后观察它。你应该会看到一道彩虹出现在光盘表面。如果没看到，那就转转你的头，直到看见彩虹出现为止。

牛顿发现穿过三棱镜的光
分解成了不同的色光

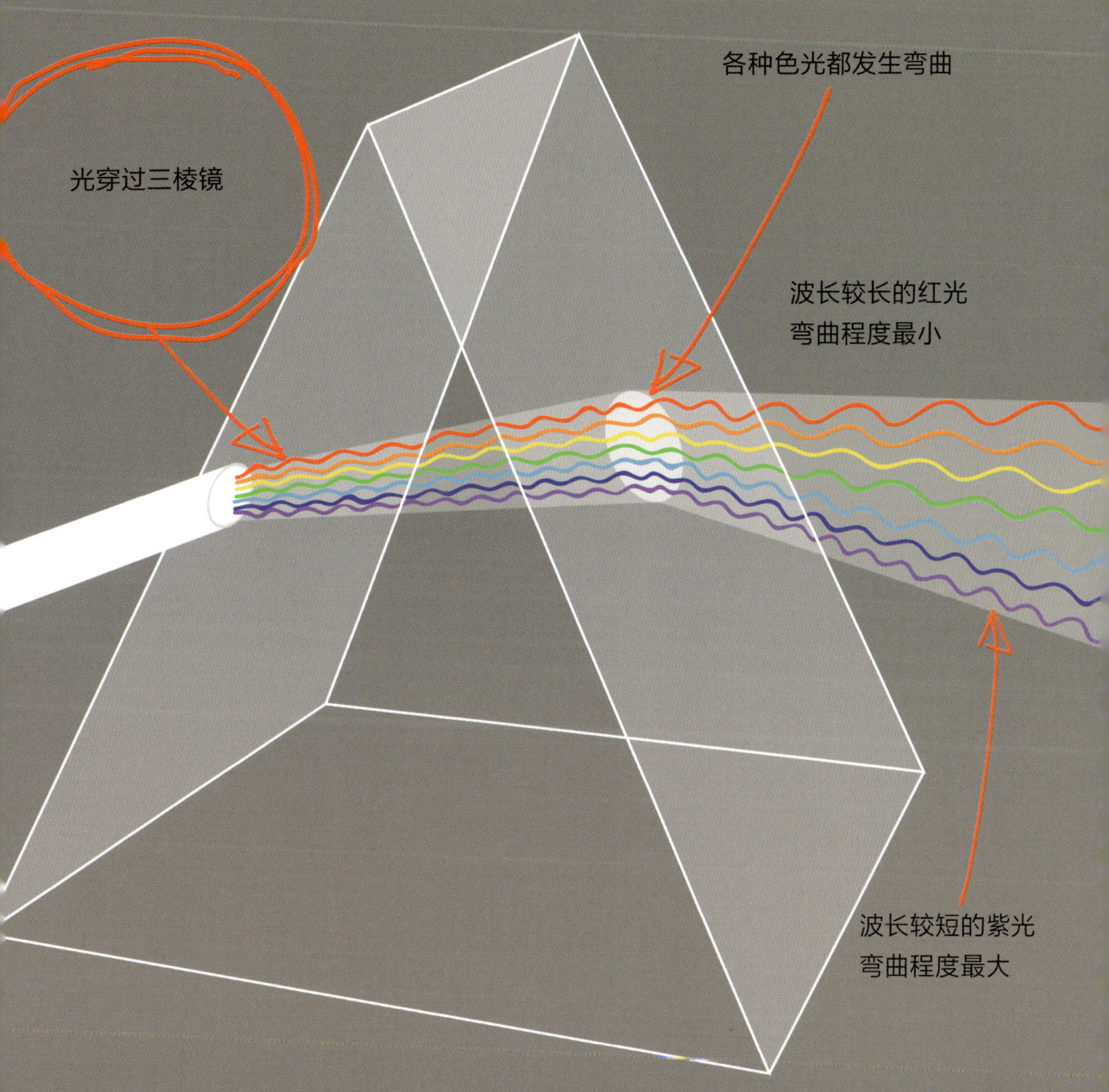

理性时代

在18世纪，运用“理性”（逻辑思维）的观念在欧洲盛行，推动了科学进一步发展。这段时期被称为“启蒙运动”时期或“理性时代”，因为它用科学之光照亮了世界。

分子运动论

30秒大揭秘

在所有科学理论中，没有哪一个比分子运动论更成功了。根据这个理论，气体的行为方式就像许多不断运动的微小粒子[1]不断地相互碰撞、反弹。

例如，如果一个密封的薄金属盒子被加热，那它很快就会爆炸。这是因为盒子里的气体受热后，加速运动的粒子越来越用力地撞击盒子的六个面，直到把盒子撞爆。

这个理论还有助于我们理解热。热水和冷水的区别在于，热水中的分子运动速度更快。你之所以能感到热水的热气，是因为分子在撞击你的皮肤。

丹尼尔·伯努利对分子运动论的贡献很大。他的理论可以解释飞机为什么能飞起来。

丹尼尔·伯努利
（Daniel Bernoulli）

3秒钟总结

气体由不断运动的微小粒子构成。

3分钟任务

气压实验

你需要：两根30厘米长的绳子、两个乒乓球、一块木头、一根吸管、一些书

1. 把两条绳子的一端分别粘在两个乒乓球上，然后把两根绳子的另一端绑在木头上，注意两个乒乓球之间要留1厘米的间隔。

2. 用书堆把木头垫起来，让两个乒乓球悬空，然后用吸管向两个乒乓球中间吹气，试图让它们互相远离。

3. 你会发现两个乒乓球相互靠近了！原因就在于，就像机翼上方的空气一样，两个乒乓球之间快速运动的空气使气压降低了。

1 即分子。

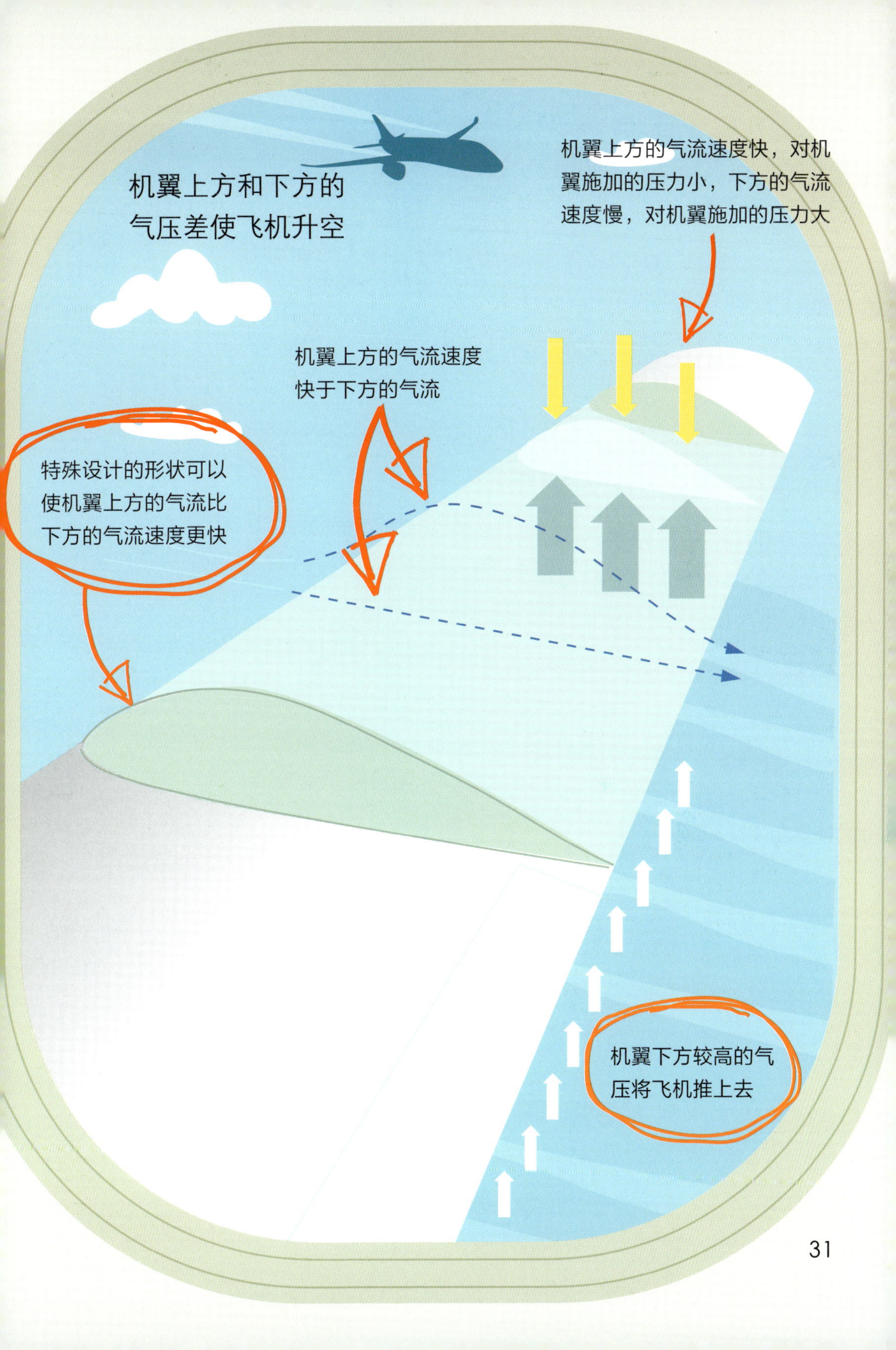

机翼上方和下方的
气压差使飞机升空
机翼上方的气流速度快，对机翼施加的压力小，下方的气流速度慢，对机翼施加的压力大
机翼上方的气流速度快于下方的气流
特殊设计的形状可以使机翼上方的气流比下方的气流速度更快
机翼下方较高的气压将飞机推上去

光谱学

30秒大揭秘

在19世纪早期，人们以为永远不可能知道恒星是由什么构成的。但不过几十年的光景，人们就弄清楚了。这多亏有了分光镜。

分光镜能把光分成一个光谱，看起来就像我们常见的彩虹。它将恒星发出的多色混合光分解，这样我们就可以分别观测不同颜色的光。首个分光镜的制造者是托马斯·梅尔维尔。

恒星所含的各种元素会发出不同波长的光。科学家可以测量不同波长的光，从而判断恒星的成分。

科学家通过光谱还能了解恒星的质量、速度、自转、温度、压力和磁场。光谱也可以用来研究地球上的物质。

托马斯·梅尔维尔
（Thomas Melville）

3分钟任务

制作分光镜

你需要：一张旧光盘、强力胶带、纸板筒、卡片

1. 把胶带牢牢按到光盘正面，然后撕掉胶带，这样你就可以把上面的涂层去掉了。

2. 把光盘粘到纸板筒的一端。剪一个硬纸板圆片，尺寸比纸板筒的横截面略大一点。在圆片中间挖一个长方形的孔，然后把圆片粘到纸板筒的另一端。

3. 找两张比长方形孔略大的卡片，然后让两张卡片各盖住半个孔，在中间留一道窄缝。找好位置后，把卡片粘在长方形孔上。

4. 把纸板筒对准光源，注意让粘着光盘的那端靠近你的眼睛。白炽灯可以产生完整的光谱。再试试荧光灯、路灯和霓虹灯，你会看见不同的颜色带，它们其实是光源里不同气体元素的光谱线。

3秒钟总结

光谱可以告诉我们恒星的成分。

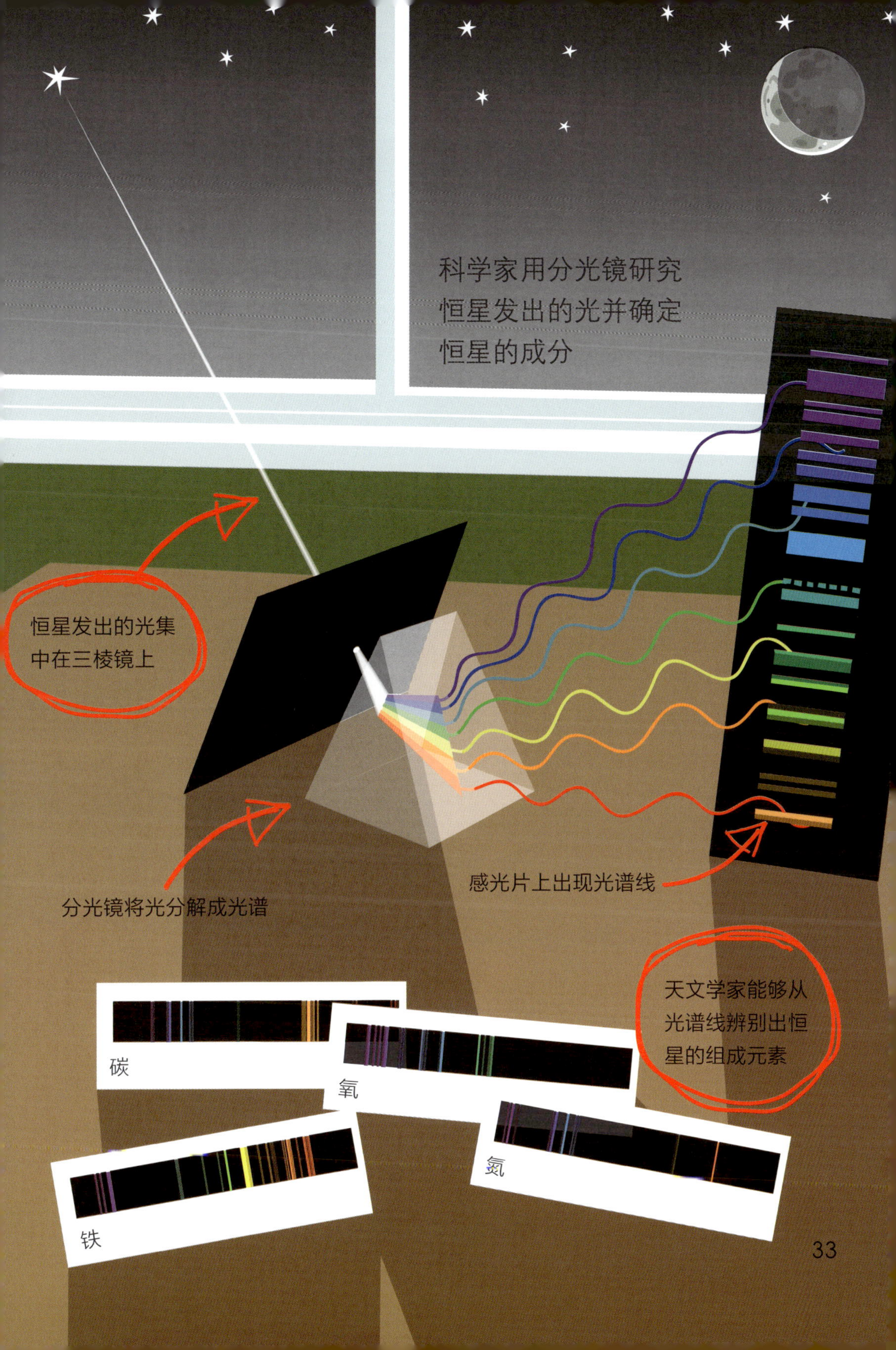
科学家用分光镜研究
恒星发出的光并确定
恒星的成分
恒星发出的光集
中在三棱镜上
分光镜将光分解成光谱
感光片上出现光谱线
天文学家能够从
光谱线辨别出恒
星的组成元素
碳
氧
铁
氮

化学反应

30秒大揭秘

就在你看这段话的时候，你的身体正在把食物中的化学物质转化成糖和其他化学物质，从而给你提供能量。这些变化释放出一种叫作“二氧化碳”的气体，被你呼出体外。你接着吸入氧气，继续把食物中的能量释放出来。

木头或煤在燃烧的时候也会有类似的过程。氧跟木头或煤里面的碳结合，释放出二氧化碳。消化和燃烧的过程都会放热。在18世纪70年代，科学家安东尼·拉瓦锡第一次发现了氧气与燃烧之间的关系。

我们的周围每时每刻都在发生化学变化。受控化学反应带给我们很多东西，从塑料到糖果。有的化学变化吸热，有的放热，而这可能比化学产物本身更有用处。

安东尼·拉瓦锡
（Antoine Lavoisier）

3秒钟总结

化学反应将一组物质变成另一组物质。

化学爆炸

你需要：3勺小苏打、纸巾、热醋、三明治包装袋、一个成人助手

注意不要把热醋弄到眼睛里。醋虽然没什么害处，但会辣眼睛！

1. 请到户外完成这个任务。用勺把小苏打舀到纸巾上，然后把纸巾团起来。

2. 把醋倒进三明治包装袋，再把纸巾放进去。

3. 快速封上袋子，然后走开。几秒钟后，袋子就会爆炸。醋里的一种化学物质与小苏打发生反应，生成水、醋酸钠和二氧化碳气体，而气体会使袋子爆开。

点燃丙烷会消耗氧气并大量放热

丙烷中的碳和氢与氧气反应，生成二氧化碳和水并释放光和热

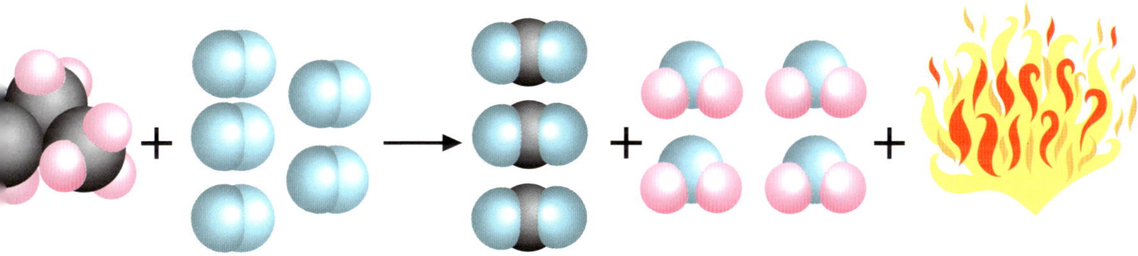

丙烷		氧气		二氧化碳		水		
C_3H_8	+	$5O_2$	$\longrightarrow$	$3CO_2$	+	$4H_2O$	+	光和热

这就是化学反应式的写法

原子

30秒大揭秘

这本书是原子组成的，你也是，你能看到的一切都是。但原子太小了，我们日常是看不见的。甚至连这句话结尾的句号都比原子大1 000万倍[1]。

留基伯和德谟克利特生活在2 500多年前的古希腊，他们是最早相信原子存在的人。直到大约200年前，化学家约翰·道尔顿才发现了原子存在的证据。

道尔顿发现，对不同化学物质的行为，我们可以这样解释：化学物质所含的同一种元素由同一种原子构成。

道尔顿认为原子是坚硬、不易击碎的小团。事实上，每个原子都有一个硬核，即“原子核”。原子核周围有几个电子层，而电子是一种比原子核轻得多的粒子。原子核由中子和质子两种粒子组成。这两种粒子又由一种更小的粒子构成，我们称之为“夸克”。据我们目前所知，夸克不能再分割成更小的东西。

约翰·道尔顿
（John Dalton）

3秒钟总结

一切物质都是由看不见的原子构成的。

小知识

道尔顿的发现

碳和氧反应可以产生两种气体，一种是有毒的，另一种是无毒的。把碳转化为无毒气体的需氧量，恰恰是生成有毒气体需氧量的两倍。道尔顿发现，每个无毒气体分子都含有两个氧原子和一个碳原子，而每个有毒气体分子都含有一个氧原子和一个碳原子。因此，元素的结合方式表明，元素必定是由原子构成的。

1　英语的句号是一个实心的小圆点。

所有东西都由原子组成，如今我们还知道原子由什么组成

古希腊人最早相信原子的存在，几百年后，约翰·道尔顿发展了这种思想

道尔顿意识到，同一种元素（比如碳）所含的原子都是一样的

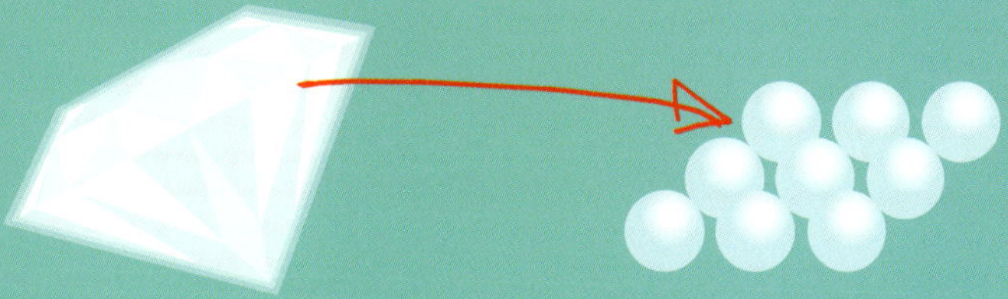

我们现在知道原子有一个由质子和中子组成的原子核，以及围绕着原子核的电子

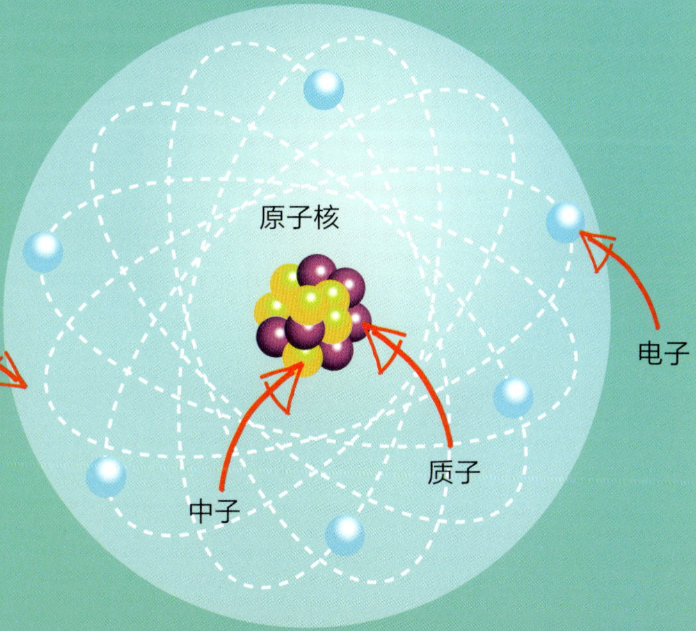

现代工业

从18世纪晚期开始，人类有了许多新发明，其中不少以蒸汽为动力，技术由此得到了长足发展，这就是现代工业的开端。人们意识到，科学不仅是了解世界的一种方式，它也可以用来制造更好的机器。这意味着机器的所有者能够赚更多的钱。

电磁

30秒大揭秘

在19世纪初，科学家发现，电能够使指南针的指针移动。在1831年，迈克尔·法拉第成功地用电制造了一块磁铁，我们把它称为“电磁铁”。

他还制造了世界上第一台电动机（利用电和磁移动物体的机器）和第一台发电机（把动能转化为电能的机器）。

法拉第有许多发现，当今大多数技术都建立在这些发现的基础之上。差不多每辆车里都有电动机，电钻等电动工具以及大多数会动的玩具里也都有电动机。

我们日常使用的电基本上都来自发电机。风力涡轮机和发电站里都有发电机，甚至有的自行车灯都用发电机供电。拆船厂、医疗扫描仪和用于原子研究的机器还会用到强力的电磁铁。

迈克尔·法拉第
（Michael Faraday）

3秒钟总结

法拉第发明了能够将电和磁转化成动能的机器。

3分钟任务

做一个电磁铁

你需要：带有塑料外皮的细电线、大螺丝刀、4.5伏电池、一位成人助手

1. 把电线缠在螺丝刀上，至少绕50圈。
2. 电线两端各留出至少30厘米的富余。
3. 请一位成年人帮你剥去电线末端2厘米的外皮。
4. 将电线的两端连接到电池的两极。这时，螺丝刀会变成一个电磁铁，吸引曲别针等金属物体。

法拉第用电和磁制造了世界上第一台电动机和发电机

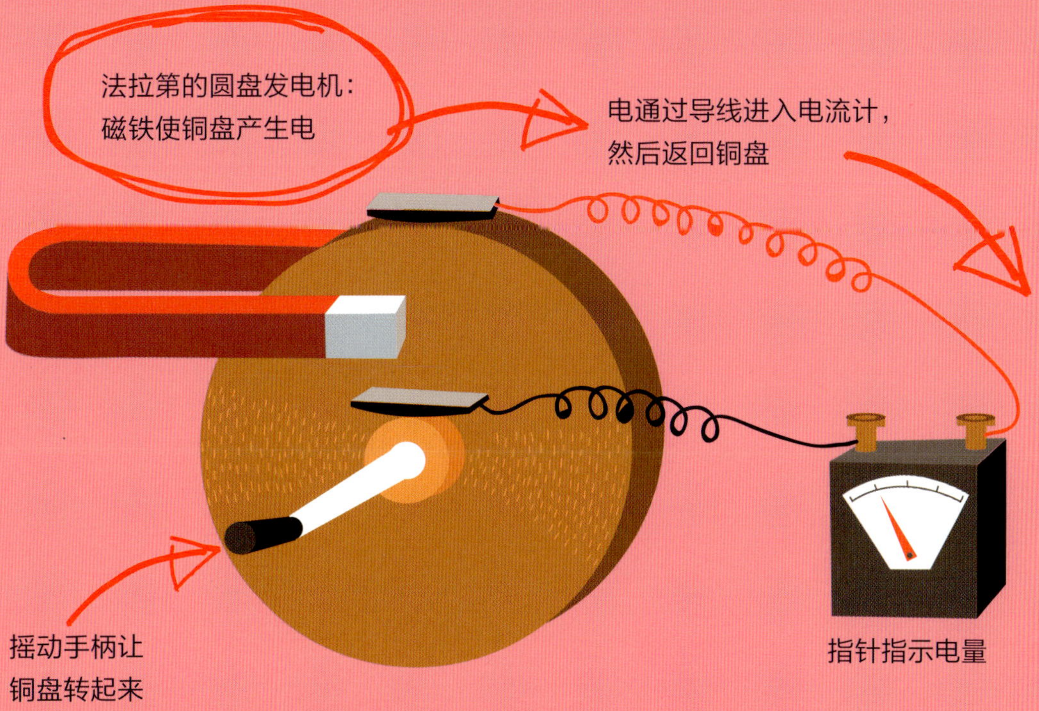

能量

30秒大揭秘

能量是宇宙万事万物的成因。能量表现为多种不同的形式，比如运动、光、电、磁、声和热。你现在所处的地方正在使用哪种形式的能量呢?

在19世纪，科学家发现能量有多种不同的形式，而且可以从一种形式转化为另一种形式。当一种形式的能量消失时（比如声音消失了），它其实并没有真的消失，只是变成了别的形式。

这个想法非常实用。在19世纪，人们建造了能够制造衣服和其他商品的机器，蒸汽机又为商品的运输提供了动力。这些机器和蒸汽发动机的工作原理都是把能量从一种形式转化为另一种形式。例如，在蒸汽机里，煤的化学能转化为火车的动能。新的能源科学帮助发明家们提高了能源的转化效率。

小知识

能量是如何转化的?

你有没有在暗室里脱过套头衫？你会看到一道闪光，听到噼里啪啦的响声。这些现象都是能量转化引起的。你移动手臂的时候，肌肉把血液中的化学能转化为动能。随着套头衫摩擦过你的身体，这份动能又会产生电能，而电能接着转化为光能和声能。在冬天空气干燥的时候，这种现象最明显。

3秒钟总结

能量是万事万物的成因。

能量表现为多种形式，可以从一种形式转化为另一种形式

进化

30秒大揭秘

在19世纪，大多数基督徒认为，人类、植物和动物都是上帝在几千年前创造的，而且一成不变。但在1859年，查尔斯·达尔文揭示了一个事实：生物存在的时间远比几千年要长得多，而且生物现在的样子看起来与它们的远古祖先完全不同。

达尔文的发现被称为“进化论”，它基于如下两个事实：

1. 生物的数量不断增加，直到食物太少，不足以养活整个种群。然后，它们要么挨饿，要么竞争。

2. 每个生物都跟它的父母和兄弟姐妹略有差别。

如果一个生物生来就有某种差异，比如更锋利的牙齿，使得它比兄弟姐妹更有优势，那么它就会在争夺食物的斗争中获胜，从而有更大的机会存活和生育后代。它的后代可能会继承这种优势，然后继续存活下去。没有这种优势的个体最终会消亡。就这样，经过一代又一代，生物的身体得以进化（变化）。

查尔斯·达尔文
（Charles Darwin）

3秒钟总结

地球上的生物经历了几百万年的进化。

3分钟任务

伪装

动物进化出伪装的本领，为的是不被敌人看见。跟一位朋友来一场比赛，看看你们谁先找到伪装的“猎物”吧。

你们俩每人占据花园或操场的一半，每个人手里有三袋糖果和一些彩笔。先请你的朋友迅速找到三个“藏宝处”，给三袋糖果涂上“伪装”色，然后在每个藏宝处藏一袋。接下来轮到你，把上面的过程重复一遍。现在，你们俩开始寻找对方藏起来的糖果袋吧。谁先找到谁就赢！

最成功的总是那些天生具有特殊优势的个体

病原体

30秒大揭秘

如果我们生病了，我们会指望医生把我们治好。然而，就在几个世纪前，人们所用的“药物”往往会加重病情。要想把病治好，你首先要知道病因是什么，但在那时人们对此一无所知。

路易·巴斯德改变了这一切。在19世纪中叶，他证明了疾病是由病原体引起的，而且每种疾病都有自己的病原体。杀死病原体就能治愈疾病。

巴斯德还指出，有些病原体会导致食物腐烂，而高温可以杀死它们。这个发现很有用。例如，人们学会了加热牛奶，这样就可以安心饮用了。

现在我们知道有些病原体是被称作“细菌”的微生物，有些是真菌（与蘑菇有亲缘关系、尺寸较小的真菌），还有些是病毒（行为与生物体相似的复杂化学物质）。

路易·巴斯德
（Louis Pasteur）

3秒钟总结

疾病是由病原体引起的。

亲手培养病原体

你需要：土豆、刀、叉子、3个三明治包装袋、一个成人助手

1. 洗手，然后切出三个一模一样的土豆切片。
2. 用干净的叉子把1号切片放到三明治包装袋里，封好，贴上带有“对照”字样的标签。
3. 在2号切片上吐口水，装袋封好，贴上带有“口水”字样的标签。
4. 用3号切片在地上抹一下，装袋封好，贴上带有“地面”字样的标签。
5. 把三个袋子放进同一个暗橱里，一个星期后再打开看看。病原体最多的切片应该变化最大。“对照”袋里的切片最干净，所以变化应该最小。

巴斯德证明了病原体会引起疾病或使食物变质，并提出用加热法杀死病原体

遗传学

30秒大揭秘

你长得跟你的父母有点儿像，你可能觉得这没什么好奇怪的。可这是为什么呢？为什么你看起来更像父母中的一方而不是另一方呢？为什么你的兄弟们跟你长得不是一模一样呢？

我们现在知道，答案就在我们的细胞深处。我们每个人的身体“图纸”——长成什么样子、怎样运行——都由被称为“基因”的化学规律控制着。婴儿的基因含有父母基因的混合体，所以会继承父母的性状。

在19世纪，格雷戈尔·孟德尔发现了主要的遗传法则。虽然人类发现基因是很久以后的事情，但孟德尔通过大量的豌豆植株实验，发现了基因的工作方式。他培育了不同的豌豆品种，并通过数学计算得出了某些特定性状的遗传规律。不幸的是，孟德尔的工作直到他去世之后才得到关注。

格雷戈尔·孟德尔
（Gregor Mendel）

3分钟任务

性状大比拼

请按照右图做十来张记分卡，每张有六个勾选框。下面是一些性状，请在每张卡片上写下其中一个。全都写好后，把卡片放进一个袋子。

大耳垂	会卷舌
雀斑	黑头发
花粉症	自来卷儿
美人沟下巴	酒窝
左撇子	食物过敏

性状记分卡
1 □
2 □
3 □
4 □
5 □
6 □

邀请你的家人和朋友一起来玩，给每人发一张记分卡和一支笔。从袋子里抽出一张卡片并读出来，凡是具有卡片上所说的性状的玩家都要在勾选框里打对号。谁的对号最多谁就赢。

3秒钟总结

遗传学是研究特征如何遗传的学科。

对很多动物和植物来说，同代里会有四分之一的个体具有其他个体没有的特殊性状（比如蓝色眼睛），原因如下：

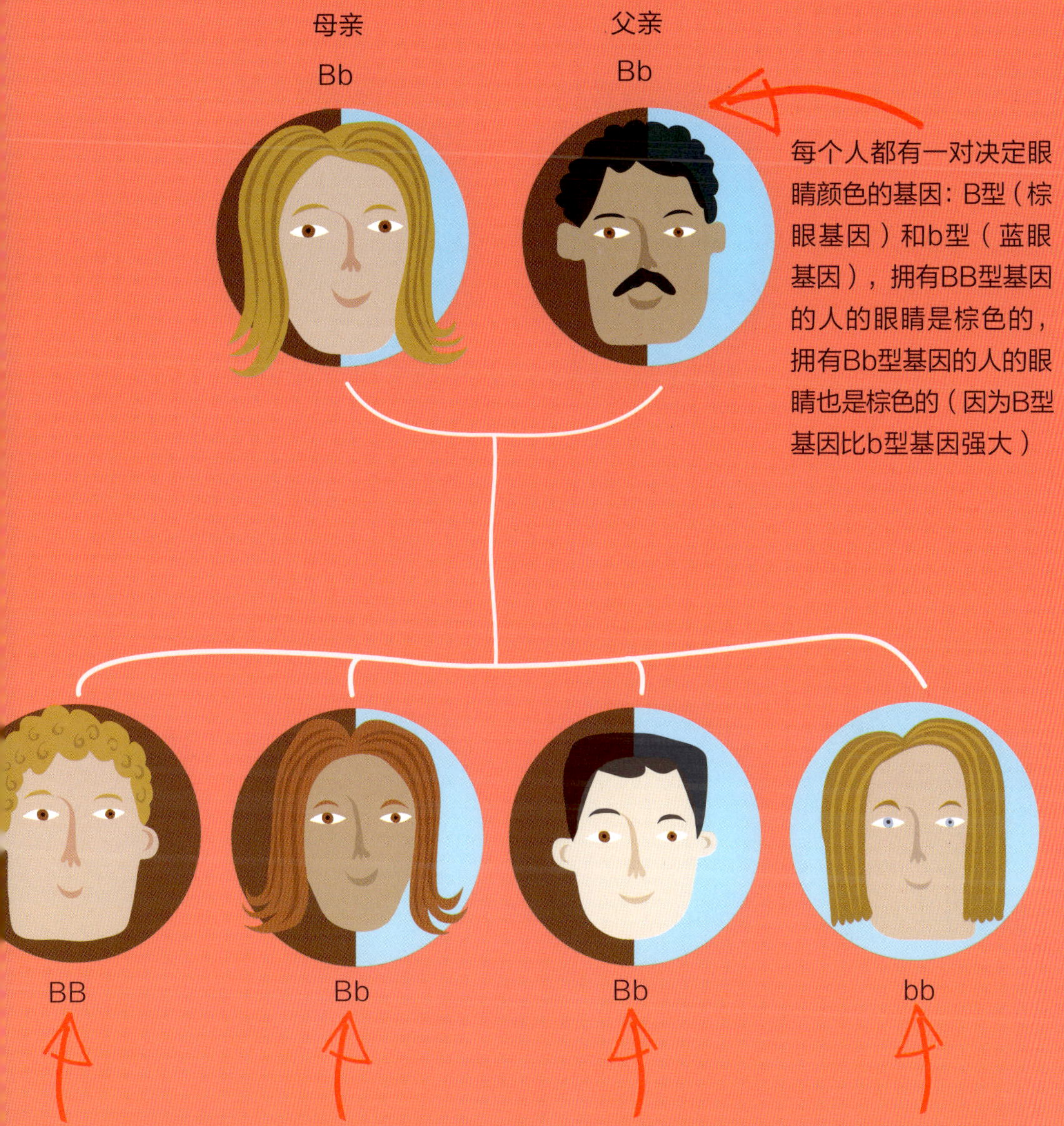

遗传了两个B型基因的孩子拥有棕色眼睛

遗传了一个B型基因、一个b型基因的两个孩子也拥有棕色眼睛

只有遗传了两个b型基因的孩子才会拥有蓝色眼睛

元素周期表

30秒大揭秘

到19世纪60年代，人们已经发现了50多种元素，并且粗略地测量了它们的原子量。化学家们注意到，当他们把元素按原子量大小排序的时候，似乎每隔一段就会出现与前面的元素性质差不多的元素，但规律还不是很清晰。在这方面取得突破的正是德米特里·门捷列夫。他揭示了元素的真实规律，并且意识到可能存在人类还没有发现的元素。

门捷列夫把具有相似性质的元素分成不同的族，还给尚未发现的元素留出了位置。这样一来，元素的排列规律更加明显了。这就是元素周期表，它对今天的化学家来说至关重要。

在元素周期表中，同一列（族）的所有元素都具有类似的性质。在每一族里面，元素的性质稳步变化。第一主族的所有元素[1]都能与水反应，而且每种元素与水反应起来都比前一种更剧烈。第八主族的元素几乎不与任何物质反应。

德米特里·门捷列夫

（Dmitri Mendeleev）

3秒钟总结

元素的性质形成了一种自然规律。

小知识

神奇元素

括号里的数字表示这种元素在元素周期表中的序号。

氢（1）：宇宙和你的身体里最常见的元素

氦（2）：被吸入时会使你的声音变尖的气体

碳（6）：含碳化合物比其他所有元素加起来还要多

铁（26）：地球的主要成分

镓（31）：会在你手中熔化的金属

砷（33）：剧毒

汞（80）：室温下呈液态的金属

鎶（112）：人工合成后几分钟内便会消失

1 准确地说，应该是“第一主族的所有碱金属元素”，因为在常温常压下，氢不与水反应。

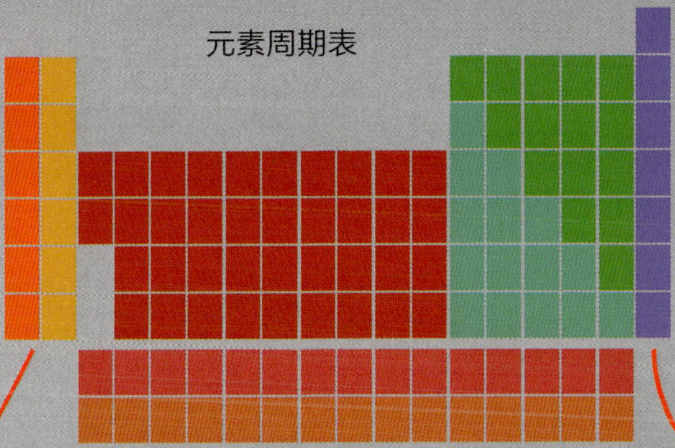

性质相似的元素被归为一族

第一主族的碱金属元素都可以与空气和水发生剧烈反应

最后一族是无色、无味、十分稳定的惰性气体

锂
钠
钾
铷
铯
钫

钠在空气中会变白，入水会嘶嘶作响

铯在空气中会燃烧，入水会爆炸

充了氦气的气球可以飞起来

灯泡使用氩气

灯塔使用氙气

氦
氖
氩
氪
氙
氡
Og

3·3
3·8
3·3

现代科学

到了19世纪末，很多科学家认为他们已经充分认识了宇宙，只剩下少数几个领域还没有得到解释。同时，随着科学教育的进步，更多人成为科学家。而这些后来的科学家发现，很多关于世界的基本科学思想都是错误的。由此，人类进入了一个充满新发现的时期。

量子

30秒大揭秘

在19世纪末，有一个基本的科学观点：微小的物体只是我们周围可见物体的小尺度版本。例如，原子就是一个小尺度版本的硬球。

但这个“常识”其实是错误的。事实上，小尺度世界跟我们周围的世界非常不同。在20世纪初，物理学家们终于发现了那个世界原来如此怪异。

他们发现，就像物质以“原子”这种微小粒子的形式存在一样，光等各种形式的能量也以“量子”（能量的最小单位）的形式存在。

原子含有电子。有时，电子会在一道极微光里失去能量，但电子每次只能失去一个量子的能量，所以这种极微光总是具有完全相同的亮度，也总是呈现完全相同的颜色。

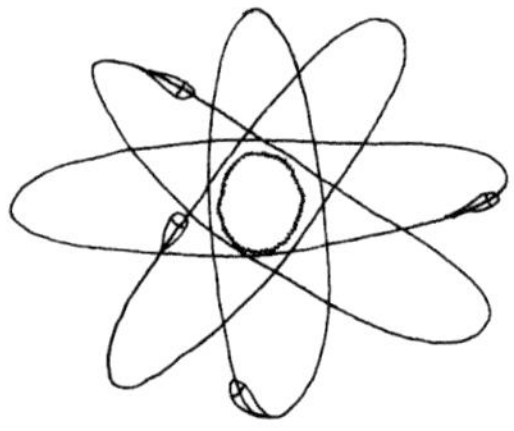

3秒钟总结

能量以“量子”的形式存在。

点画

我们看不到量子，因为量子实在太小了。打个比方，一幅用小圆点画成的画如果拿到远处看，你根本就看不出来是用点画成的！

用红色、黄色、蓝色和黑色的软头笔，在白纸上画一幅画吧。请画上蓝天，配一些白色、灰色和黑色的云，在天空下面画几棵橘子树和柠檬树。注意，只能用小圆点来画！

小贴士：从远处看，挨在一起的黄点和红点会呈现橙色，蓝点和黄点会呈现绿色，留有空隙的一片黑点在白纸上会呈现灰色。

电子每次在一道极微光（即一个光子）中只释放一个量子的能量

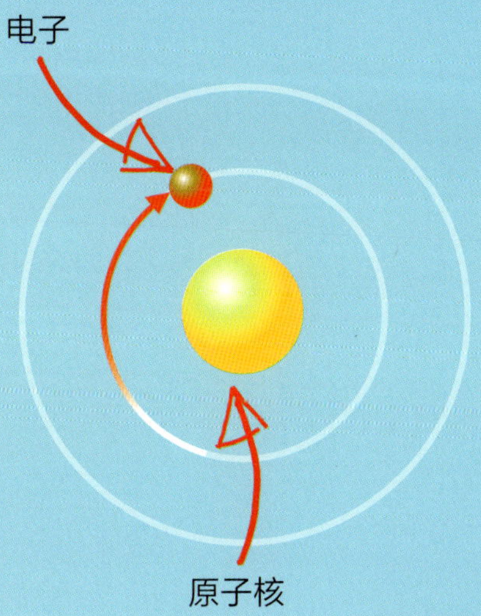

电子围绕原子核运动

能量增加使电子移动到原子内部的另一个位置

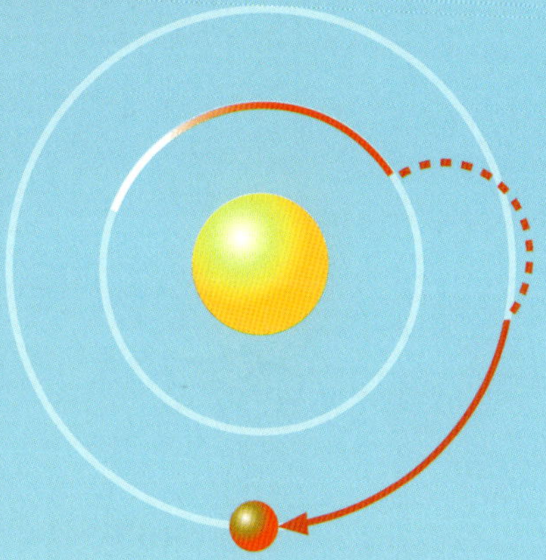

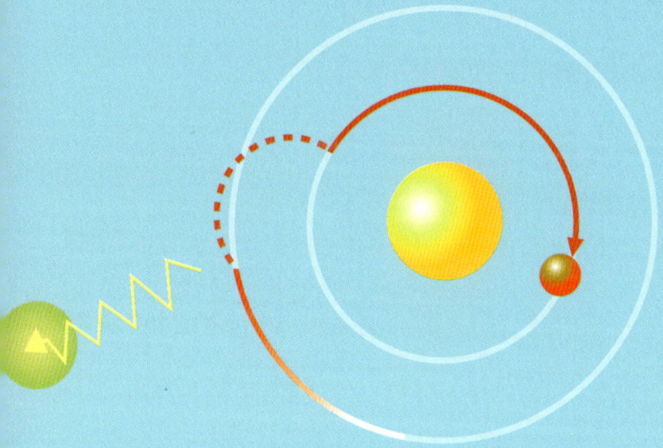

电子回到低能量态并发出一个光子

光子离开原子（这个过程多次发生，每次发出的光子都有完全一样的颜色和亮度）

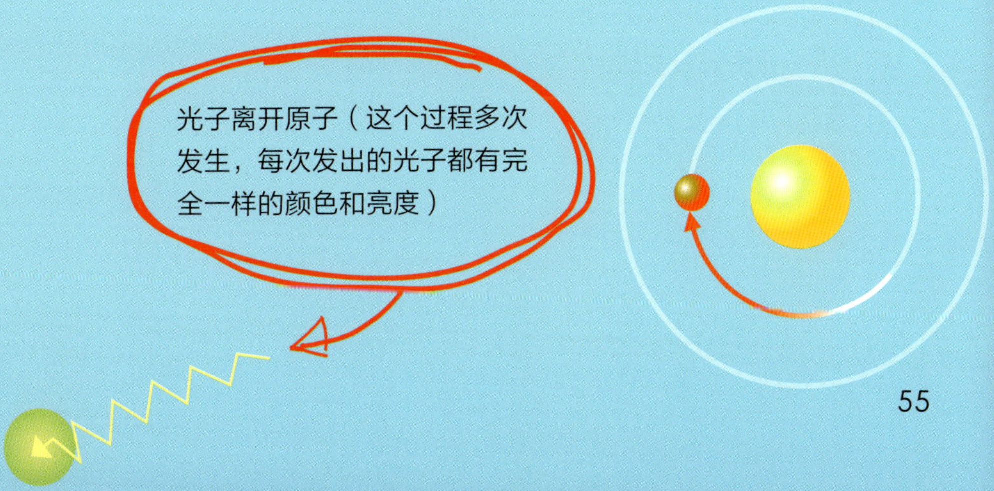

核能

30秒大揭秘

在20世纪初，科学家又发现了一种新的能量：被锁在原子核里的能量。

燃料在燃烧的时候发生化学反应，产生热能和光能。换句话说，燃料里的原子彼此分离并形成新的组合，这个过程会释放能量。但原子核并没有参与这个过程。

太阳发光发热的方式与上面的燃烧过程不同。在太阳内部，氢原子核被压在一起形成氦原子核，同时发出光和热。这个过程叫作“核聚变”。

核电站里发生的过程是“核裂变”。被称为“中子”的高速粒子轰击铀元素的巨大原子核。原子核分裂，释放出更多的中子和巨大的能量。

3秒钟总结

原子核里充满能量。

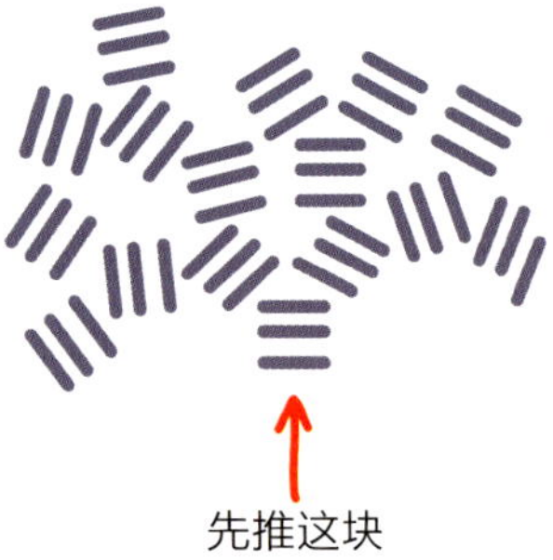

3分钟任务

触发链式反应

把多米诺骨牌摆成左图的样子（从上面看）。为了避免你不小心提早触发连锁反应，请在完全摆好之前留几个空位。摆好之后，请推倒第一块多米诺骨牌。倒下的骨牌会越来越多，发出的声音会越来越大，就像链式反应分裂出越来越多的原子核，释放越来越多的能量。

核聚变和核裂变都能释放能量

太阳内部的核聚变：氢原子核被挤压成氦原子核并发出光和热

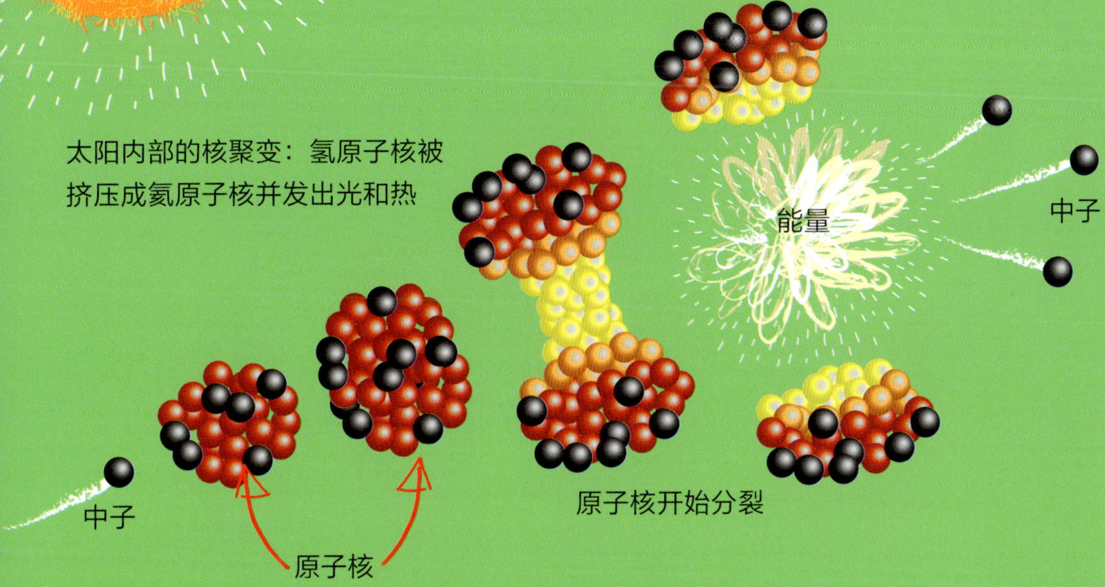

核裂变：巨大的原子核受到轰击后分裂成较小的原子核

核电站通过核裂变产生能量

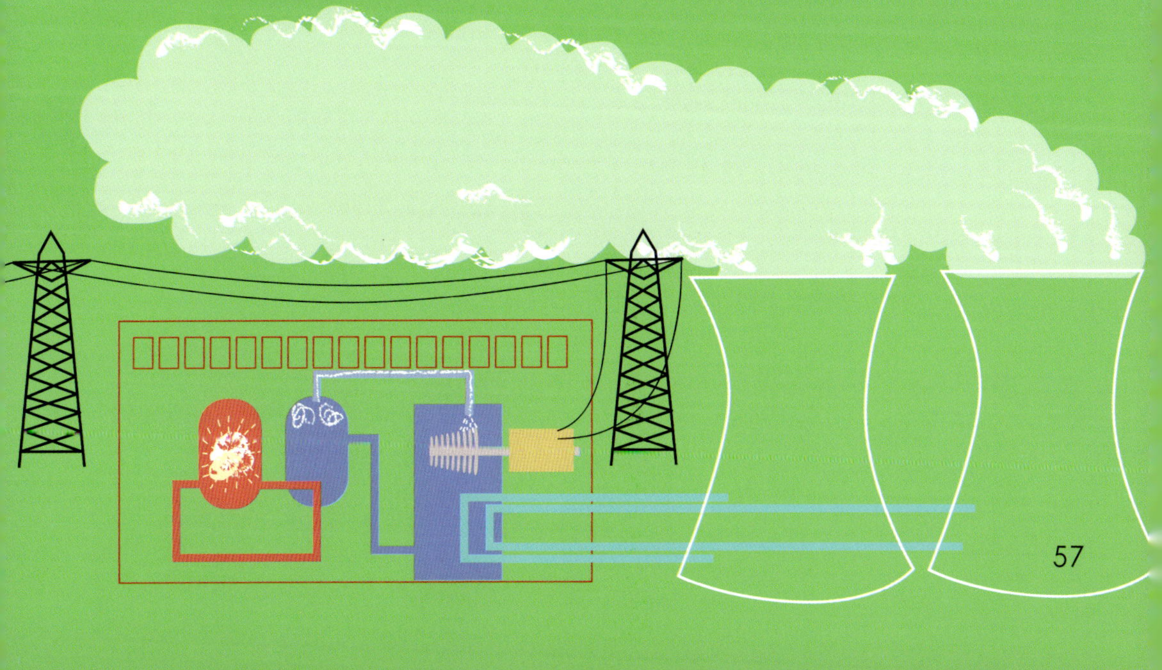

相对论

30秒大揭秘

到了1900年，科学家认为他们已经足够了解宇宙。可是后来，有一个叫阿尔伯特·爱因斯坦的科学家，他提出了一个理论：如果一艘飞船以每秒几千千米的速度飞行，空间和时间会发生奇怪的变化。

如果飞船从你面前飞速驶过，那你会看到飞船像是被挤扁了，而且飞船里每个人的动作都变慢了。你还可以测量出飞船比起飞时重了很多。

更奇怪的是，如果飞船里的人也在看你的话，那他们也会看到同样的现象。这回被挤扁的是你，动作变慢的是你，体重增加的也是你。

爱因斯坦把这个理论称为“相对论”。根据相对论，物体的形状、质量和其他性质会因测量方法不同而发生改变。他指出，像太阳这样质量巨大的天体改变了时空。要是你能在太阳上面待几年再回到地球，那等回到家时你会发现，对你来说时间变慢了。你可能比在你之后出生的朋友还年轻呢！

阿尔伯特·爱因斯坦
（Albert Einstein）

3秒钟总结

相对论解释时间、空间和引力之间的关系。

挤压宇宙飞船

你需要：一本页数很多的书、水彩笔

1. 在书的每个右手页的右上角画一个飞船的侧面，注意每页的飞船要比前面一页短。

2. 用左手拿着书，用右手大拇指掰弯书的右上角。

3. 快速翻动书页，同时看书页上飞船的变化。如果“飞”得足够快，它会像真正的飞船一样逐渐被挤扁。

艾米丽的飞船以15万千米/秒的速度飞行，杰克在另一个很小的行星上，两个人的计时器在艾米丽起飞前都已归零

爱因斯坦的理论告诉我们：对于运动速度足够快的物体来说，它的可测量性质会发生改变

飞船飞过杰克的行星，她的计时器显示过去了3.8分钟，她看到杰克的行星上只过去了3.3分钟

行星上的杰克看到：自己的计时器显示过去了3.8分钟，艾米丽的飞船显示的则是3.3分钟

大陆漂移

30秒大揭秘

很难想象你的国家会漂移到世界上的其他地方。正是因为这种想法太过离奇，所以我们直到20世纪才弄明白地球的历史。

找一张世界地图看看，你会发现有几块大陆可以完美地拼在一起。在20世纪的头十年里，有几位科学家已经注意到了这一点。不仅如此，阿尔弗雷德·魏格纳还注意到，在相隔遥远的不同大陆上，人们所发现的化石竟然惊人地相似。

魏格纳认为，在很久以前，各大陆必定连成一体，也就是一整块超级大陆，叫作“泛大陆”（Pangaea）。后来，泛大陆分裂成几个大陆，而有些动植物很可能继续在不同的大陆上存活。

当时没人相信魏格纳，但后来人们发现，每个大陆下面都有一块巨大的岩石“板块”。这些板块延伸到海里，所以板块之间并没有空隙。所有板块都漂浮在一片巨大的液态岩石上面，缓缓地移动着。

阿尔弗雷德·魏格纳
（Alfred Wegener）

3秒钟总结

各大陆都在缓慢地移动着。

3分钟任务

漂移的大陆板块

这个实验会告诉我们，大陆板块之间没有间隙，但板块仍然可以移动。拿两块比较薄的地垫或者小地毯当作大陆板块，把它们并排放在一个光滑的表面上，然后用力把两张垫子往一起推，会发生什么呢？就像在地球表面一样，其中一块可能会滑到另一块的下面，也可能两块都隆起来，再或者两块都被压弯。

弯曲和隆起会形成山脉，而所有这些情形都会导致地震和火山爆发。

大陆漂移说认为从前只有一块巨大的超级大陆

魏格纳发现地球上几个相隔很远的地方都有同样的化石

犬颌兽

中龙

水龙兽

舌羊齿植物

如果这些地方原来是连在一起的，那就说得通了（这就是大陆漂移说）

生命化学

30秒大揭秘

在1924年，苏联科学家奥巴林提出了一个出人意料的观点：我们人类，还有其他生物，其实都起源于简单、普通的化学物质，经过几十亿年的进化，成为今天这样极其复杂的化学结构。真的是这样吗？

许多人，特别是那些抱有强烈宗教观点的人，强烈反对这种说法。当时，几乎没人相信奥巴林的想法，但美国科学家哈罗德·尤里是个例外。尤里发现，几十亿年前地球上的化学物质利用闪电的能量，真的可以这样进化。

尤里的一个学生验证了这个说法。这个学生在实验室里把简单的化学物质混合起来，然后让它们暴露在电火花中。结果令人惊讶：简单的化学物质形成了各种生命物质，包括地球上所有生命的基石——氨基酸。

亚历山大·奥巴林
（Alexander Oparin）

3秒钟总结

所有生命都是从化学物质进化而来的。

提取蛋白质

你需要：两杯牛奶、两勺醋、细筛子、洗碗布、一位成人助手

1. 请一位成年人帮你把牛奶加热到沸腾，然后加醋搅拌。现在把结了块的混合物放凉。那些块状物是蛋白质，也就是酪蛋白。

2. 在筛子上放一张厨房清洁纸，然后把混合物倒在上面，这样液体就会流干。

3. 把酪蛋白倒在一摞洗碗布上，再往上面多按几块洗碗布，把酪蛋白弄干。

4. 你可以用食用色素给酪蛋白上色，然后塑型。先把形状捏好，然后等上两三天，形状就固定了。

奥巴林“所有生物都是从简单化学物质进化而来”的想法被哈罗德·尤里的实验证实

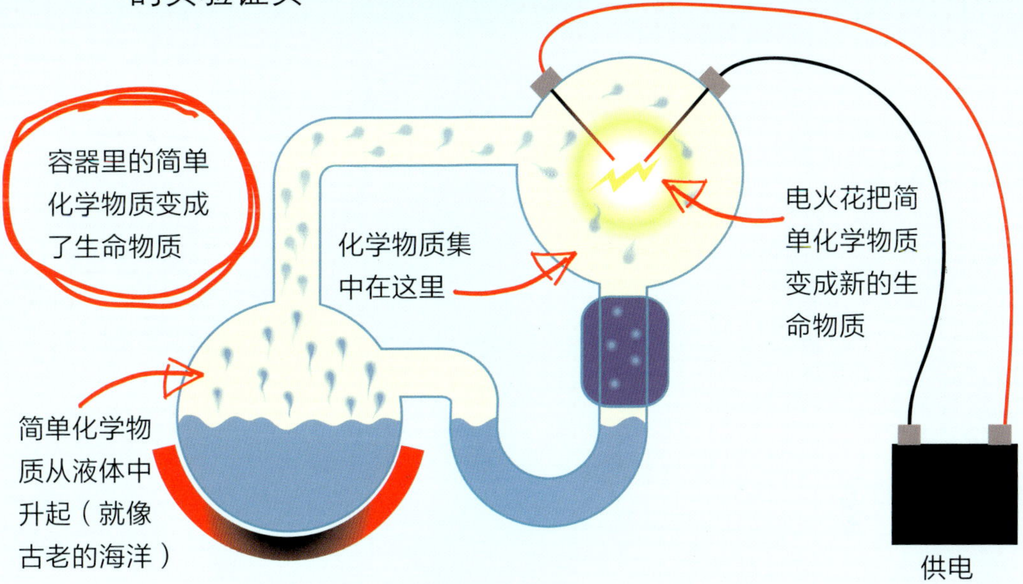

不确定性

30秒大揭秘

由微小粒子组成的量子世界与我们生活的人类世界大不相同。

我们已经习惯地认为，物体（比如一个足球）的大小、重量和位置都是确定的。然而，电子大小的东西可不是这样，它们只有大概的位置。

想象你被一圈高墙围住。这圈高墙特别光滑，特别坚固，特别高，也特别深，所以你爬不上去，推不倒它，翻不过去，也挖不了地道。你会永远被困在里头。

但若是在量子世界里，情况可就不一样啦！在量子世界里，你周围的一切都只有粗略的界定，包括高度、强度和位置。也就是说，你是有可能逃走的。例如，你可能突然出现在墙外边的某个位置；或者，你变得力大无穷，于是破墙而出；再或者，你变成巨人，直接迈过那道墙。

太不可思议了，但对于粒子能从原子中逃逸这件事，这是唯一的解释。虽然此时此刻粒子没有越狱的力量，但时不时地它们又有了！

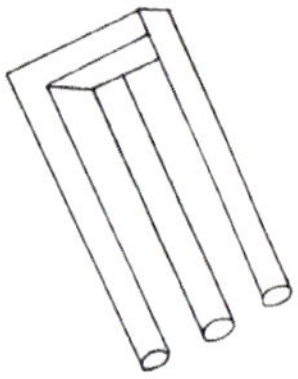

3分钟任务

具有不确定性的物体

你需要：一个装薯片的纸板筒、一根蜡烛、一个成人助手

1. 请成年人助手帮你在纸板筒盖子上切出一个直径2厘米的孔。

2. 请他帮你点一根蜡烛，过一分钟后吹灭。

3. 把纸板筒的开口端放在烛芯的上方，把烟笼进去，然后盖上盖子。挤压纸板筒，烟圈会从孔里面冒出来。这个情景就像放大版的电子。

4. 看看你能不能找到烟圈的边缘。你可能连烟圈的个数都数不清楚！

3秒钟总结

在极小的尺度里，没有精确值。

量子世界里的一切都是不确定的，
粒子能够从原子中逃逸

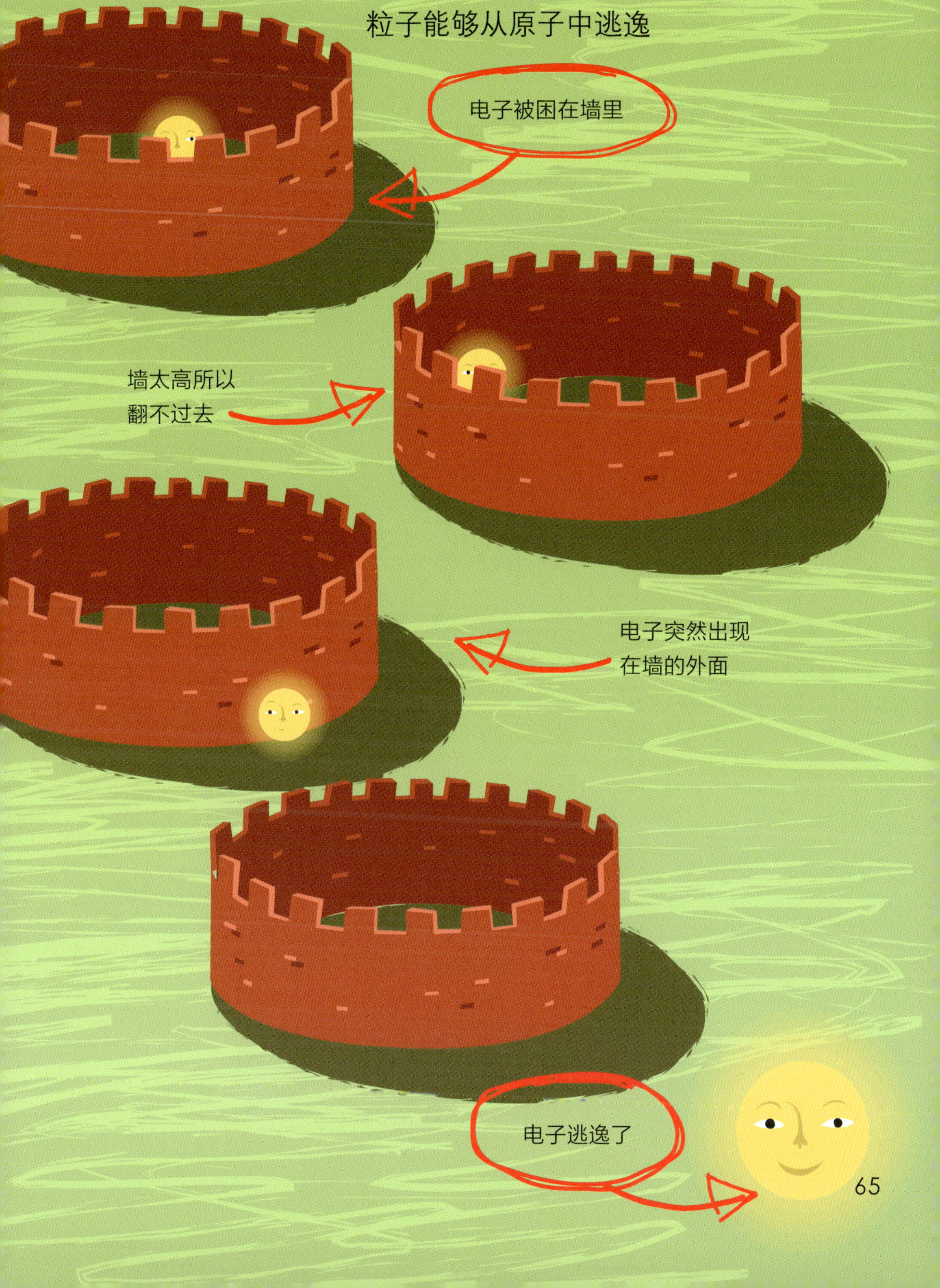

当代科学

科学和技术在第二次世界大战（1939—1945）中发挥了重要作用。因此，“二战”结束后，人们把更多资金投在科学研究和教育上。现在，许多科学家能够与各种国际团队合作。在“大科学”时代，科学实现了新的突破。

大爆炸

30秒大揭秘

大概一个世纪以前，有几个天文学家注意到了一些奇怪的现象，进而发现了怎么去测量天体退行（远离）的速度。天体发出的光会变红一点点，他们就是利用这个现象来测量星系运动的速度的。

他们发现，遥远的星系走得越远，退行的速度就越快。这意味着整个宇宙正在膨胀。

既然宇宙的各个部分正在相互远离，那么它们必定曾经是紧密相连的。很久以前，它们在一次巨大的能量爆发中被抛散出去。现在，我们把这次能量爆发称为“大爆炸”。在1948年，科学家乔治·伽莫夫确定了我们今天所知的原子是怎样在大爆炸中形成的。

乔治·伽莫夫
（George Gamow）

3秒钟总结

宇宙始于一次被称作“大爆炸”的瞬间膨胀。

2分钟任务

面包宇宙

你需要：500克面包预拌粉、一把葡萄干、一个大碗、保鲜膜、一位成人助手

1. 用面包预拌粉和一个面团，加入葡萄干，每粒葡萄干代表一个星系团。

2. 在一个撒了面粉的台面上把面团揉到光滑为止，把面团放进碗里，盖上保鲜膜，然后醒一个小时。

3. 随着面团膨胀起来，葡萄干彼此会相距越来越远，就像星系随着宇宙膨胀渐行渐远。

4. 再揉一次，让面团膨胀半小时，然后把面团放进200摄氏度的预热烤箱中烘焙大约30分钟，直到面包在敲击时听起来是空心的。像“大爆炸”之后的宇宙一样，面包刚出炉的时候很热，但很快就会凉下来。

人们发现各个星系正在彼此远离，由此引发了“宇宙始于一次能量爆发”的新说法，即现在所说的“大爆炸”

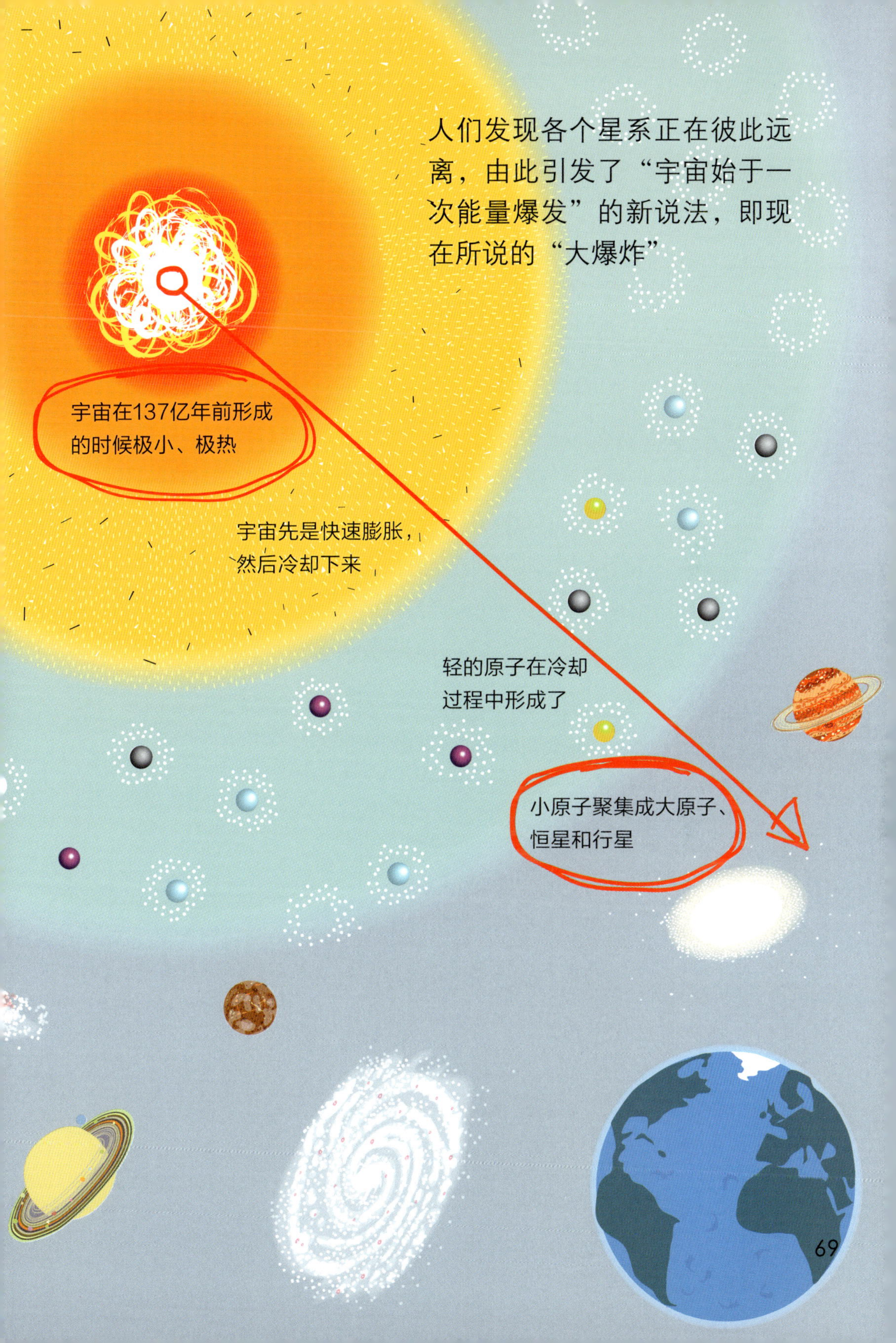

DNA

30秒大揭秘

在1953年的一天，科学家沃森和克里克闯进剑桥一家安静的酒吧，大声宣布："我们刚刚发现了生命的秘密！"

他们确实发现了。几个月后，他们确定了所有生命得以构建的化学物质，即"脱氧核糖核酸"（DNA），它有着巨大而复杂的分子。

道理必定是这样的：你的身体里有几万亿个DNA分子，而每个分子都包含一套完整的指令，指挥这些化学物质把你构建起来。

我们周围的一切几乎都是由分子构成的，而分子是由原子构成的。一般说来，一个分子只有几个原子，但DNA分子含有大概2 000亿个原子，它们结合起来，形成一条长长的链。如果这条长链是直的，它会有几厘米长，没法装进只有千分之几毫米大的细胞核里面。

所以，这条长链被紧紧盘绕成了双螺旋的形状。沃森和克里克从科学家罗莎琳德·富兰克林拍摄的特殊图像中破解出了DNA的结构。

詹姆斯·沃森（James Watson）和弗朗西斯·克里克（Francis Crick）

3秒钟总结

DNA包含构建生命的指令。

小知识

DNA怎样复制自己呢？

大多数身体细胞的寿命都很短，所以需要定期制造新的细胞。为此，老细胞分裂成两个。新生的两个细胞都需要有自己的DNA，所以老细胞中的DNA分子分裂成一对新的DNA分子。DNA就像一个拉链，连在一起的核苷酸就像咬合在一起的两排拉链齿。DNA在分裂前要先解链，也就是把两排"拉链齿"分开。新的"拉链齿"（核苷酸）会锁定到DNA中未解链的部分，从而形成新的DNA分子。

所有生命都由DNA这种复杂的化学物质构成，人与人的DNA序列会有细微的差别（双胞胎除外）

DNA由核苷酸组成（核苷酸分为腺嘌呤、胞嘧啶、鸟嘌呤和胸腺嘧啶四种碱基）

碱基结成对并形成一条被称作“双螺旋”的弯曲长链

这就是DNA

基因改造

30秒大揭秘

DNA分子中的碱基对与字母表里的字母类似。就像一长串字母可以组成一个句子，一长串的碱基对便构成了一个基因。跟句子一样，基因也是一个指令，比如“把眼睛涂成蓝色”。一个DNA分子就是一长串基因，就像一本说明书是由一长串句子组成的。

我们有可能把基因从一个生物的DNA中移除，再嵌入另一个生物的DNA中。这就像把这本说明书里的一部分内容剪切下来，再粘贴到另一本说明书上。一旦新版DNA说明书启用，就会产生一种新生物。

这种剪切和粘贴的方法被称为“基因改造”。我们已经使用这种方法培养了制药所需的细菌、缺水时会在黑暗中闪闪发光的植物、抗病作物等等。

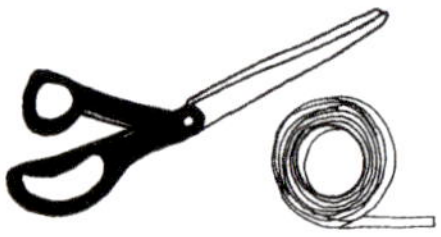

3分钟任务

提取你自己的DNA

你需要：小纸杯、一瓶无色运动饮料、肥皂液、菠萝汁、木扦子、酒精（乙醇）、一个带盖子的罐子、一位成人助手

1. 提前24小时把酒精放进冰箱。用运动饮料快速漱口两分钟，吐到杯子里，然后倒进罐子里，直到装满三分之一。

2. 加入肥皂液，直到罐子半满。轻轻晃动罐子。加入几滴菠萝汁，再晃一晃。

3. 小心地加一点点酒精，让它浮在上面。

4. 用木扦子把顶部附近的白色黏性物质刮一刮。这就是你的DNA啦！

3秒钟总结

基因改造被用来制造新型生物。

把萤火虫的DNA剪切并粘贴到树叶细胞里可以培育出新型的“夜光”植物

标准模型

30秒大揭秘

目前最好的宇宙理论被称作“标准模型”。这一理论认为，万事万物都是由17种粒子组成的，其中的4种粒子与宇宙的三种力[1]相关。宇宙中的第四种力[2]是万有引力，它是宇宙中最常见的力。

标准模型对“场”的研究很多。如果一块磁铁靠近并拉动一块金属，那么我们会说，这块金属处于这块磁铁的磁场中。

当太空中的天体接近地球，近到能够被地球的引力拉动时，我们就说这个天体在地球的引力场之内。

这一理论可以解释大多数科学领域里发生的一切，但它无法合理地解释万有引力。

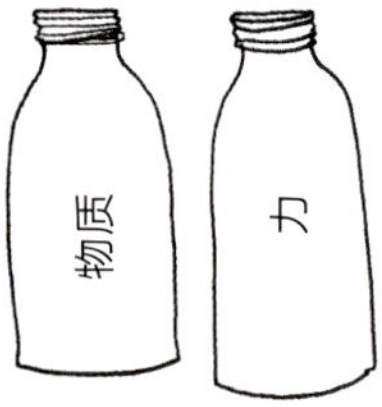

3分钟任务

角力赛

你需要：一根10厘米长的棉线、大曲别针、胶带、磁铁

1. 把棉线系在曲别针上，用胶带把棉线的另一端粘在桌子上。

2. 提起曲别针，直到棉线与桌面垂直。把磁铁放在曲别针的正上方。

3. 松开曲别针，你会发现曲别针悬空了。慢慢向上移动磁铁。曲别针周围的磁场会变弱，直到弱于地球的引力场。这时，地球引力在这场角力赛中大获全胜，把曲别针拽了下来。

3秒钟总结

标准模型是目前最好的宇宙理论。

1 准确地说，应该是“三种基本力”，即电磁力、强相互作用力和弱相互作用力。
2 准确地说，应该是“第四种基本力”。

标准模型认为宇宙万物
都是由17种粒子组成的

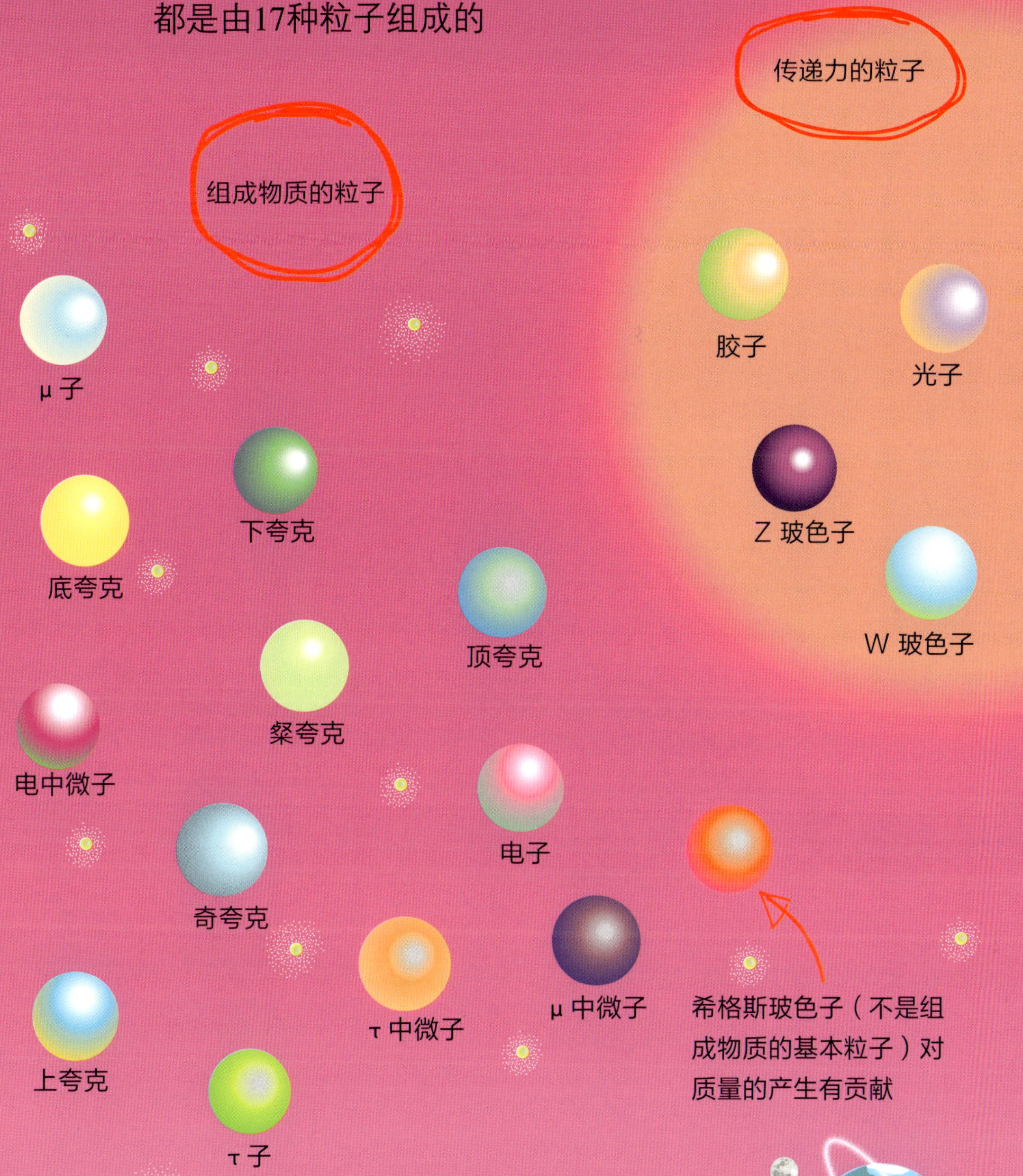

万有引力（四种基本力之一）
使月球绕着地球转动

弦理论

30秒大揭秘

标准模型是目前最好的宇宙理论，但它无法解释万有引力。弦理论可以解释万有引力，但这个理论尚不完备，所以还是不怎么好用！

弦理论认为，标准模型的17种粒子是由“弦”组成的，但这里说的“弦”跟我们日常所见的弦一点儿也不像。在弦理论中，每个弦都极其微小，即便借助世界上最强大的科学仪器我们也看不到。

具体来说，这些极其微小的弦有点儿像吉他弦那样不断地振动（摆动），但振动的方式多种多样。组成不同粒子的弦振动方式是不一样的。四种基本力（包括万有引力和电磁力）也由这些振动的弦组成。

没人确切知道弦理论是否正确。如果它是正确的，它将成为第一个成功解释整个宇宙的“大一统”理论。

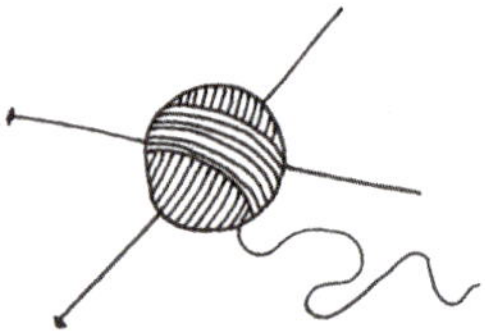

3分钟任务

展示弦理论

在弦理论中，特定的弦只能以特定的方式振动，这跟现实生活里的弦没有区别。

1. 握住跳绳的一端，请一位朋友握住另一端。摇动绳子，先摇一圈。

2. 加速，摇两圈。

3. 你或许还可以再快一点，摇三圈。

4. 试试摇出一圈半。不过你做不到，相当于这个“弦”只能以某些固定的方式振动。

3秒钟总结

所有粒子可能都是由“弦”组成的。

弦理论认为宇宙中的17种粒子都由振动的“弦”构成

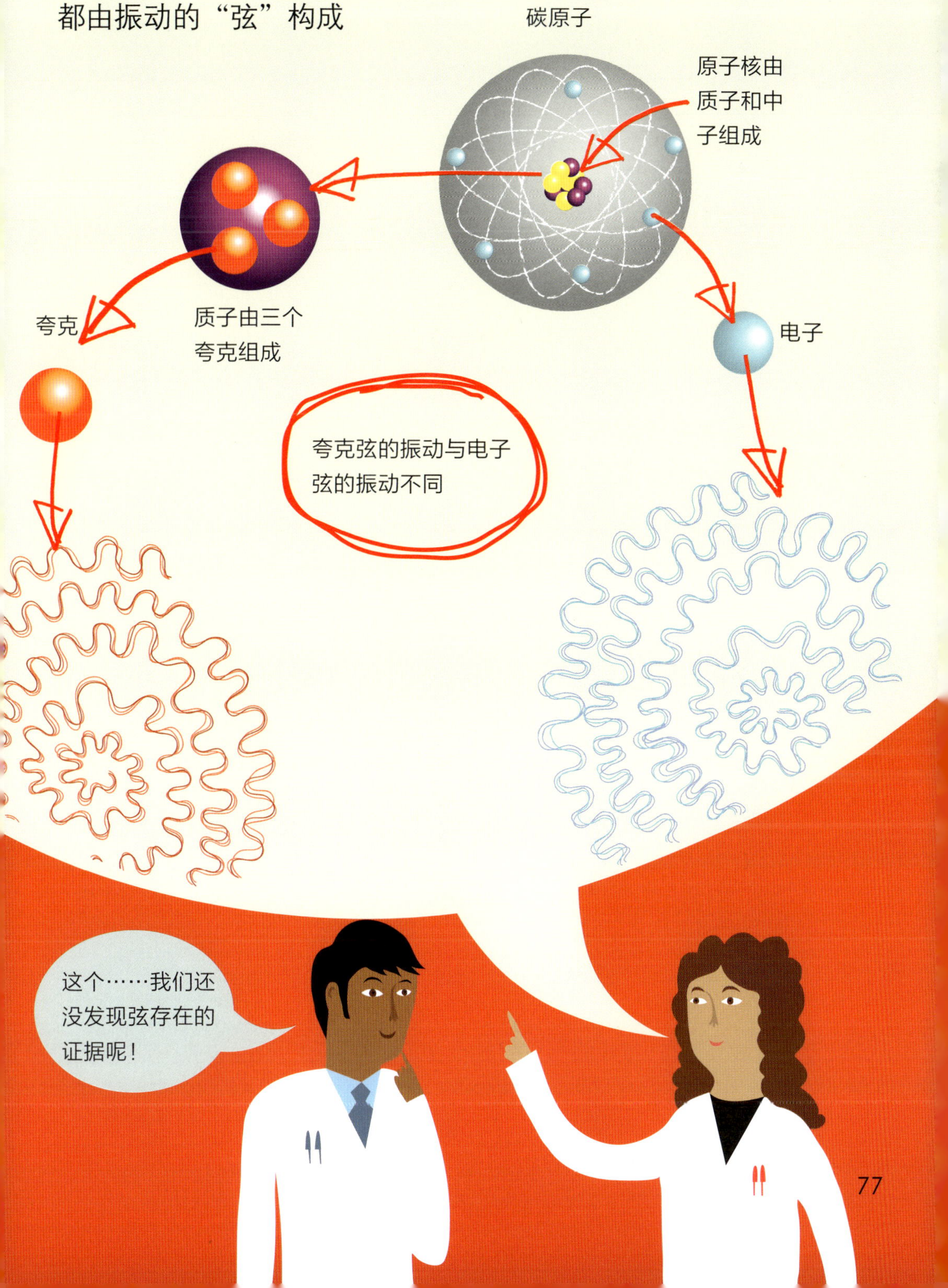